우리는
섬에서
미래를
보았다

우리는 섬에서 미래를 보았다

아베 히로시, 노부오카 료스케 지음
정영희 옮김

남해의봄날

그들의 섬, 나의 산골

스물여덟이 되던 2003년 겨울, 열 가구 남짓 되는 작은 산골 마을로 거처를 옮겼다. 다분히 즉흥적인 결정이었다. 귀농, 귀촌, 슬로라이프 같은 게 뭔지도 몰랐고 그저 '지금 아니면 이런 경험 또 언제 해보겠나'라는 가벼운 마음으로 산골살이를 시작했다. 그렇게 남편과 나는 13년째 강원도 산골에 살고 있다. 봄이면 나물 뜯고 여름이면 등산객들에게 음료를 팔고 가을이면 겨울 준비로 여념이 없다. 계절 따라 해야 하는 일 짬짬이 6년째 손수 살림집도 짓고 있다. 겨울이면 번역 일도 하지만 기본으로 산골의 겨울은 지난 계절의 숨찬 노동을 보상하는 휴식의 계절이다. 운이 좋아 재미난 책을 번역하게 되면 그 해 겨울의 질은 몇 단계 더 높아진다. 뜨끈하게 데운 방에 앉아 한 단어, 한 문장 붙잡고 늘어지다 보면 저자에 대해 이상한 연애감정 같은 것도 생긴다. '그가 무슨 말을 하려는지 나만큼 잘 아는 사람도 없겠지!' 하는 착각에 빠지기도 하고 말이다.

  지난 겨울, 아베와 노부오카가 기록한 〈우리는 섬에서 미래를 보았다〉를 번역하면서 유난히 내 시골살이를 자주 되짚어 보게 됐다. 자발적으로 시골행을 택했다는 공통점이 있지만 '지역을 살리겠다'는 굳은 의지로 무장했다는 게 그들과 나의 다른 점이었다. '시골'과 '지역'에 지속가능한 삶의 방점을 찍고, 개인 차원이 아닌 구성원 전체의 행복을 견인하기 위해 아베와 노부오카는 '아마海士'라는 작은 섬에 들어가 '주식회사 메구리노와'를 설립했다.

  그들의 말마따나 시골살이는 녹록지 않다. 도시보다 느리게 살면서도 경제 자립을 할 수 있는 시골, 이웃 간의 끈끈한 유대 관계 속에 자연과 호흡하며 살 수 있을 거라는 시골 생활의 이미지란 어찌 보면 현대판 신화의 한 장면이다. 미디어에 등장하는 귀농, 귀촌의 행복 스토리는 입맛에 맞는 면만 부각시켰거나 온갖 천운이 중첩된 이후에나 가능한 일이기 때문이다. 어찌 어찌 경제적으로 자립했다면 지역 사회의 원성을 듣기 십상이고, 인간관계에 문제가 없다면 경제적인 면에서 그만큼의 고민이 새롭게 쌓인다. 도시나 시골이나 사람 살며 부딪치는 문제는 다들 비슷비슷하다.

게다가 시골에는 시골만의 언어와 법칙이 분명히 존재한다. 평생 도시에서 살다 들어온 사람이 시골의 '문맥'을 파악하려면 자신의 가치관을 새롭게 정립해야 할 필요까지 있다. 쉽지 않은 일이다. 그러나 시골 생활에 제대로 연착륙하려면 꼭 필요한 과정이기도 하다. 아베와 노부오카는 말한다. 도시에서 40년을 살았고 그곳에서 쌓은 부와 지위, 노하우가 아무리 많다고 해도 시골에 들어가면 '시골 1년생'부터 다시 시작해야 한다고 말이다. 거기에 그들의 성공 노하우가 있다. 귀농이나 귀촌이 실패로 돌아가는 가장 큰 이유는 기존의 지역 사회와 융합하지 못했다는 데서 찾을 수 있다. 도시에서 가져온 생각으로 시골을 변화시키겠다는 시도는 지역 사회 입장에서는 악몽과도 같다. 50년이건 100년이건 그 이상이건, 섬이, 산골이, 시골이 존속할 수 있었던 데에는 그 지역만의 무언가가 반드시 있기 때문이다.

아베와 노부오카는 철저히 '시골 1년생'으로 섬 생활을 시작했다. 그들이 섬에 정착하고 섬을 보다 좋은 곳으로 만들어갈 수 있었던 건, 그들이 거창한 프로젝트를 성공시켰기 때문도, 섬에 부를 가져다 줬기 때문도 아니었다. 그들은 섬사람을 존중했고 섬의 말에 귀 기울였다. 섬의 시간을 이해했고 섬의 공기를 온전히 받아들였다. 자신들의 미래를 걸고 큰 그림을 그리면서도 겸손했으며, 섬의 어른들에게 배우기를 주저하지 않았다. 순수한 선의로 온전히 섬만을 바라봤다. 수많은 실수, 실패, 성공의 경험을 통해 마을과 함께 성장해 갔고, 결국 그들은 아마라는 작은 섬에 꼭 필요한 사람이 됐다.

이 책은 도시 위주의 세계관에서 벗어나 지구의 미래를 시골, 즉 지역에서 찾고자 하는 젊은이들의 좌충우돌 성장 이야기다. 웹 디자이너가 생선도 팔고 지역 활성화를 위해 체험 투어와 음악제를 기획하기도 한다. 마을 일에 솔선수범 나서고 축제가 열리면 큰 북도 치고 닭꼬치도 판다. 그러나 무엇보다 반짝이는 대목은 그 섬에서 나고 자란 섬사람들과의 인터뷰, 그 문장 안에서 살아 숨쉬는 '삶의 기본'에 대한 부분이다. 도시건 시골이건 행복의 조건은 별반 다름없다. 원하는 일을 하며 돈을 벌고, 나를 이해해주는 사람들과 서로 기대 살아가는 것. 그리하여 나의 행복이 남의 행복을 견인할 수 있다면 더할 나위 없을 것이다.

'산골 13년생'에 접어든 겨울, 〈우리는 섬에서 미래를 보았다〉와 만나며 가슴 속에 작은 씨앗 하나가 심어졌다. 내가 사는 이곳을 위해 할 수 있는 일은 무엇일까? 그 씨앗이 곱고 강한 싹을 틔울 수 있도록 지금 여기의 삶을 좀 더 사랑해야겠다는 마음이 일렁인다.

강원도 산골에서 번역가 정영희

오키군도
아마초 •

시마네현

히로시마

쿄토

나고야

오사카

아마초 海土町

아마초(초町는 한국의 행정단위 중 '면'에 해당: 옮긴이)는 시마네 현島根県에서 북쪽으로 60킬로미터, 일본의 서쪽 바다에 떠 있는 오키 군도隠岐群島 중 한 섬이다. 2012년 8월 말 현재, 아마초의 인구는 2331명이며 연간 태어나는 아이 수는 약 열 명이다. 인구의 40%가 65세 이상으로 저출산 고령화가 가속하고 있는 지역이기도 하다. 인구 유출과 재정 파탄의 위기 속에서 아마는 행정과 재정을 개혁했고, 독자적인 산업 창출을 통해 현재 일본에서 가장 주목받는 섬 중 하나가 됐다.

정장町長(한국의 면장에 해당: 옮긴이)은 월급의 50%를 삭감했고 부정장은 30%를 삭감하는 등 공무원 급여 수준으로서는 전국 최저(2005년도 기준)를 기록하고 있다. 그 자금을 밑천으로 최신 냉동 기술 CAS를 도입한 아마는 해산물 브랜드화를 통해 전국 식탁을 시작으로 해외로도 사업을 확장하고 있다.

산업 진흥을 통한 고용 확대와 타 지역과의 적극적인 교류를 통해 지난 8년(2004년에서 2011년 사이) 동안 310명이 귀촌했고 고향을 떠났던 173명의 아마 사람들이 섬으로 돌아왔다. 이들이 섬 인구의 20%를 차지하고 있다. 아마는 새로운 도전을 하고 싶은 젊은이들이 모여드는 섬이 되었고, 지역 발전 모델로서 일본 전국의 자치단체, 정부, 연구기관에서도 주목을 받고 있다.

목차

도쿄와 공유하는 섬의 시간

우리가 바라는 미래

사회의 변화는 언제나 작은 계기에서 시작된다. 변화 자체가 너무 조그맣기 때문에 아무도 그 변화를 눈치채지 못할 수도 있다. 그러나 조금씩 변화가 확대되다 보면 언젠가는 그것이 우리 사회를 바꾼다. 사람을 움직이고 미래를 만들어 낸다.

그런 변화에 진심으로 마주하고 있는 섬이 있다. 우리 둘은 서로 다른 장소에서 그 섬과 만났고 도시 생활을 버리고 함께 섬으로 이주해 회사를 만들었다. 그곳이 바로 시마네 현의 외딴섬 아마초였다.

계기가 의외라고 생각할 수도 있다. 우리는 도시 생활에 지쳐 한가로운 시골 생활을 동경했던 게 아니었다. 미래의 가능성에 몸을 던지고 싶었다. 그래서 우리는 섬으로 이주했다.

이 섬에 뭐가 있을까? 사실 '있는 것'보다는 '없는 것'을 세는 게 더 빠를지도 모르겠다. 게다가 이 섬에는 앞으로 일본이 경험할 '미래의 모습'이 있었다. 인구 감소, 출산율 저하를 동반한 고령화, 재정난……. 전부 부정적인 것들뿐이었다. 그러나 찬찬히 생각해 보면 이 섬이 현재 직면하고 있는 문제는 미래에 일본이 맞닥뜨릴 것으로 예상되는 것들과 같은 문제였다. 만약 그런 미래 상황 속에서 지속가능한 사회 모델을 만들 수 있다면 어떨까? 사회를 바꿀 계기, 사회의 희망이 될 수 있지 않을까?

'이 섬에서 일어난 작은 일들이 사회를 바꿀 수 있을 거다.'

그런 믿음으로 우리는 우리의 미래를 걸고 이 섬의 미래를 함께 만들어가는 일꾼이 되기로 했다. 그리고 우리가 도달하고 싶은 미래의 모습을 이 섬에서 찾기로 했다. 풍요로운 자연에 둘러싸인 생활 속에서 우리들은 우리가 있어야 할 곳을 발견했고, 섬사람들과 섬 문화를 통해 많은 것을 배웠다. 섬 자체가 하나의 학교처럼 느껴졌다. 그래서 정말로 학교를 만들자고 생각했다. 이 책은 그런 우리가 섬에서 발견한 미래에 대한 작은 보고서다.

메구리노와 대표이사 아베 히로시(사진 오른쪽)

메구리노와 이사 노부오카 료스케(사진 왼쪽)

사진 속 티셔츠에 찍힌 'amajin'은 '아마 사람'이라는 뜻이다: 옮긴이

일러두기

이 책은 주식회사 메구리노와를 창업한 두 청년 아베와 노부오카가 공동 집필했습니다. 각 글의 시작에 '아베'와 '노부오카'로 화자를 구분해 두었습니다.

1장

우리가 섬사람이
된 날

아마에서 지역 만들기 회사 '메구리노와'를 경영한 지 곧 5년
이 된다. 지금이야 지역에서의 삶이 내 인생의 대부분이 되었지만
학생 시절에는 해 보고 싶은 게 또 하나 있었다. 내가 하고 싶었던
일, 그것은 우주로 가서 지구를 바라보는 것이었다.

나는 초등학생 때부터 우주를 동경했다. 말마따나 건담 세대
기도 했거니와, 지구 밖의 세계에 늘 호기심을 품고 있는 아이였
다. 한번 정하면 스스로 납득할 때까지 끝까지 파고들어 생각하는
스타일인데다가, 뭐라도 해보지 않으면 성에 차지 않는 성격이기
도 했다. 그래서 재수 생활을 거쳐 교토대학 공학부에 들어가 재료
공학을 전공했다. 이후에는 대학원에 진학해 로켓 소재로 쓰이는
티탄 합금을 연구했다.

여전히 우주왕복선은 불꽃과 연기를 뿜으며 솟구쳐 오른다.
때문에 예전에 비해 그다지 진보하지 않은 것처럼 보일 수 있다.
하지만 로켓 엔진의 추진력으로 비행선을 우주로 쏘아 올리는 건
정말 힘든 일이다. 인력권의 저항을 뿌리쳐야 하기 때문이다. 수많
은 발사 실패가 그 어려움을 말한다.

그러나 이제는 달라졌다. 계획된 경로로 비행해 인공위성과
사람을 우주로 날려 보냈다가 무사히 지구로 생환시키는 데까지
기술이 발달했다. 우주 과학의 진보에 매료된 나는 엔지니어가 되
기로 결심했다. 민간 로켓을 개발해 우주에 가 보겠다는 생각을 하
게 된 것이다.

그런 내가 제일 처음 선택한 직장이 자동차 회사 도요타였다.
도요타의 세계적인 제조 기술을 배우는 것이 가장 큰 목적이었다.

그리고 도요타라면 민간 로켓을 만들 수 있을지도 모른다는 기대도 있었다.

물론 NASA(미 항공우주국)나 JAXA(일본 우주항공연구 개발기구) 같은 우주국, 개발기구의 입사도 준비하긴 했다. 그러나 그런 조직들의 산업 구조가 군사 산업과 등을 맞대고 있다는 것이 도무지 마음에 들지 않았다. 그보다는 민간 기업인 도요타에서 민간 로켓을 개발한다는 데 더 큰 의미를 부여했다.

2004년 당시 도요타는 세계 제일을 목표로 점진적인 성장을 하고 있었다. 운수 산업의 미래를 내다봤을 때, 세계 최고의 제조업 기업에서 엔지니어로 일하다 보면 반드시 언젠가는 로켓 개발로 산업이 이어질 것이라는 막연한 기대도 품고 있었다.

입사한 지 얼마 되지 않았을 무렵, 사내 교토대 졸업생 모임에서 부사장님께 로켓을 만들자는 제안을 했다. 향후 민간 로켓 산업은 반드시 성장한다는 확신이 있었기 때문이다. "좋습니다. 바로 실행합시다"라는 대답은 물론 들을 수 없었지만 말이다.

입사 후 생산 기술 부문에 배속된 나는 내수용 렉서스의 기획은 물론, 도요타의 심장부인 TPS(세계적으로 유명한 도요타의 생산방식)의 진화를 위한 '도요타 혁신 라인' 기획에도 관여할 수 있었다. 정말 설레는 마음으로 일을 했다. 세계적인 기업 도요타의 제조 기술을 배우는 것은 엔지니어로서의 커다란 도전이었으니까. 그리고 언젠가는 우주로, 그렇게 꿈꾸며 살았다.

이제 와서 돌아보면, 머릿속의 90%가 자동차와 로켓이었던 당시의 내가 어떻게 상상이나 할 수 있었을까? 4년 후 내 머릿속의 90%가 섬으로 가득 차게 될지, 심지어 이주까지 할지 말이다.

내 성장의 한계 <small>노부오카</small>

섬에 들어오기 전, 내 직업은 웹 디자이너였다. 도쿄 소재 모 IT 벤처 회사에서 창업 멤버로 일했다.

교토에서 대학을 졸업하고 도쿄에서 일을 시작한 무렵, 섬이나 지역에 관해서는 한 번도 생각해 본 적이 없었고 '재미있는 사람들과 스스로 성장할 수 있는 일을 하고 싶다'는 생각으로 미친 듯이 일했다. 심지어 밥을 먹으면서도 일했다. 오른손에는 마우스, 왼손에는 편의점 샌드위치를 든 채, 도쿄에서 독신 생활을 하고 있는 스물넷의 남자. 그게 나였다. 그런 청년이 3년 후, 섬에서 밭을 갈고 바다에서 낚시하고 소라를 판매하게 되다니, 상상조차 해 본 적 없는 생활 방식이었다.

쇼핑몰이나 이벤트 사이트 등 다양한 안건이 매일 들이닥치는 도쿄에서의 웹 디자인 일은 지극히 자극적이었다. 벤처 기업이었던 탓에 막차를 타고 퇴근하는 것이 당연했고 철야도 적잖이 했다.

부족하나마 일이 돌아가는 방식을 배워 회사에 도움이 되기까지 2년이 걸렸다. 작은 회사였기 때문에 상사나 동료와도 사이가 좋았다. 회사가 성장하고 회사의 일원으로서 나 자신이 성장하던 그 시간이 정말 즐거웠다. 그러나 격무에 쫓기던 스물다섯의 어느 날, 불현듯 마음속에 의문 하나가 떠올랐다.

'도대체 내 앞에는 무엇이 기다리고 있을까?'

아마 완전히 지쳤었나 보다. 회사와 나 자신의 성장만이 즐거움의 전부였고 그것이 일을 계속하게 만드는 원동력이었다. 그러나 회사는 성장을 위해 사업 모델을 끊임없이 전환했고 타사와의 경쟁은 치열해져만 갔다. 그런 와중에 정신을 차려 보니 내가 어디를 향해 가고 있는지 도무지 알 수 없었다.

　그때 이후 '나의 성장'과 '회사의 성장' 앞에 '무엇을 위해?'라는 의문이 늘 꼬리표처럼 따라붙었다. 이제껏 아무렇지도 않게 해내던 일들을 도무지 제대로 할 수 없게 되었다. 일에 대한 동기가 끓어오르지 않았다.

　게다가 몸 상태마저 나빠져 회사를 쉴 수밖에 없었다. 어찌할 바를 모르겠다는 마음으로 매일 침대에 누워 있던 어느 날, 우연찮게도 데니스 메도스가 쓴 〈성장의 한계〉(갈라파고스 역간)라는 책을 읽게 됐다. 왠지 지금 느끼고 있는 내 성장의 한계에 대한 힌트를 찾을 수 있으리라는 마음에 집어 든 책이었다. 〈성장의 한계〉는 인류 차원의 성장과 한계에 대해 경제와 문명 같은 다양한 측면에서 써내려 간, 장대한 규모의 책이다.

　어째서 그런 책이 우리 집에 굴러다니고 있었는지는 모르겠지만 '인구 증가와 환경오염 같은 현재의 경향이 계속된다면 100년 안에 지구의 성장은 한계에 도달한다'는 인류를 향한 경고가 흥미롭게 다가왔다.

　물론 책 내용이 너무나 장대했기 때문에 당시 내 머릿속 고민을 해소해 주지는 못했다. 하지만 원래 이과 쪽 책 읽는 걸 좋아하기도 했던지라 내 성장에 대한 고민과 더불어, 지구 크기로 생각했을 때 인류의 성장 앞에 무엇이 있을지, 이것저것 공상의 나래를 폈다. 뭐, 간단히 말해 내가 이상한 녀석이었던 거다.

　그렇게 나는 내 인생의 작은 고민으로 인해 '생태학^{ecology}'과 '지속가능성^{sustainability}'과 마주하게 된다.

　자연과 인간의 공존을 목표로 하는 생태학은 사람과 자연 사이를 좋게 만드는 것이고, 지속가능성은 생태학 안에서 사람과 사람 사이를 좋게 만드는 것이라 할 수 있다. 이런 생각을 소중히 여길 수 있다면 사회에 대한 내 고민도 어떤 모양새로든 해결할 수 있지 않을까? 그런 생각을 하게 됐다.

하지만 그래 봤자 망상일 뿐이었다. 당시로서는 이 사회를 변혁할 만한 아이디어가 내게 정말 있는지, 그것을 정말 실천하는 사람이 되겠다느니, 뭐 이런 현실감이 전혀 없었다. 책 속의 사소한 상상이었다. 설마 그 상상이 내 인생을 완전히 바꿔놓을 줄이야. 정말 생각조차 못했다. 인생이란 참으로 알 수 없는 것이다.

그러니까 결과적으로 나는 내 성장의 한계를 생각하다가 사회와 세계의 한계를 상상하기 시작하면서 내 인생을 바꾸자는 생각을 하게 됐다. '도대체 내 앞에는 무엇이 기다리고 있을까?'라는 질문은 '너는 무얼 위해 살고 싶은가?'라는 마음의 소리였던 것이다.

꿈속의 위화감 아베

지역 만들기는 사회 구조 자체에 대한 생각에서부터 시작된다. 가장 근본적인 부분에서 보자면 도시와 지역 간 역할의 차이가 있다. 정보나 물건이 유통되는 차이, 더 나아가서는 사람의 차이가 그 안에 있다. 지역 만들기, 나아가 지역의 자치를 고민하는 것은 사회를 고민하는 것과 떼려야 뗄 수 없는 관계다.

대학 때 아웃도어 동아리와 유기농업 연구회에서 활동했다. 사실 사회에 대해 생각하게 된 것도 등산과 도보 여행 경험이 계기였다. 등산을 하다 보면 모르는 사람과 이야기할 기회가 많다. "어디서 오셨어요?" "어디까지 올라가세요?" "정상 풍경 정말 끝내주네요." 스쳐 지나는 사람끼리 공손하게 인사하는 모습, 웃는 낯으로 다정하게 대화하는 모습은 등산에서 익숙한 풍경이다. 세계 어딜 가나 공통이다.

하지만 도시 만원 전철 속 좁은 공간에서는 매일 아침 다들 으르렁거린다. 팔꿈치가 잠깐 닿은 것만으로 짜증이 나지만 좀처럼 '미안하다'는 말은 들려오지 않는다. 이 역시 세계 어딜 가나 공통이다. '같은 사람인데 왜 이렇게 달라 보일까?' '산에서 이야기를 나누던 멋진 사람들도 이 전철만 타면 달라지는 걸까? 그저 침묵할 수밖에 없는 타인이 되고 마는 걸까?' 불현듯 대학 시절 그런 걸 고민한 적이 있었다.

나는 인간이 본래 따뜻한 마음을 지니고 있다는 것을 등산과 도보 여행을 통해 배웠다. 그러나 도시에서는 그런 것이 생활 속에서 조용히 틀어지고 만다. 조금 깊이 들여다보니 자본주의 등 문명의 발전만을 중시해 온 사회 시스템의 한계가 아닐까 싶었다. 그리고 언제부턴가 이런 생각을 하게 됐다. 있는 그대로의 모습으로 서로가 마주할 순 없는 걸까? 사회 조직이 따뜻한 인간관계를 방해하고 있는 건 아닐까?

물론 이런 의문이란 게 젊은 시절, 생각하기 좋아하는 대학생의 일시적인 것으로 끝날 수도 있었다. 하지만 그 의문은 머릿속 편린으로 계속 남았고, 학생 시절의 끝 무렵에는 사회를 향해 문제 제기를 해 나갈 수 있는 일을 하고 싶다고 생각하게 됐다.

그렇지만 당시에는 내가 무엇을 할 수 있는지, 무엇을 해야 하는지, 구체적으로 눈에 보이는 건 없었다. '언젠가 펜션이라도 열어 자급자족과 따뜻한 유대관계가 있는 커뮤니티를 만들면 어떨까?' '내가 좋아하는 가치관을 투영한 공간을 만들어 그곳에 들른 사람들이 소중한 것을 배워 돌아갈 수 있게 된다면 좋겠다.' 그렇게 막연히 생각만 하는 정도였다.

하지만 아무리 사회에 대한 이견을 큰 소리로 외쳐 봤자 사회에 나가본 적도 없는 인간이 하는 소리를 누가 들어줄까 싶었다. 공감해 주지도 않을 테고 말이다. 그래서 우선은 내게 최적인 곳에서 사회인으로서의 경험을 쌓기로 했다. 도요타에 취직한 건 그런 의미도 있었다.

그렇게 나는 도요타에 입사해 사회생활을 시작했다. 당시 내가 하던 일은 신차 생산 라인을 개조하는 일, 그리고 신규 계획을 세운 후 설비를 발주해 라인을 완성시키는 일이었다. 공장에서 수많은 로봇이 쉴 새 없이 부품을 조립하고 그렇게 완성된 자동차가 공장 밖으로 출고된다. 내가 있던 곳은 바로 그런 현장이었다. 가끔은 현장 아저씨들과 사이좋게 술도 마셨고 가끔은 "이 애송이가!"라고 혼도 나면서 묵묵히 일했다.

도요타에 입사한 후 야외 활동은 주말의 즐거움이 되었다. 어쩌다 있는 토요일, 일요일 휴무를 이용해 교외로 나갔다. 계곡 래프팅을 하기도 하고 온천에 몸을 담근 채 '오늘도 즐거웠다!'고 만족하는 주말이 반복되었다.

그러나 그러던 어느 날 '그래서?'라는 마음의 소리가 들려왔다. '자연을 충분히 즐기고, 그리고 어떡할 건데?' '막연히 즐기기만 해도 괜찮은 걸까?' 그런 의문이 생겼다. 도요타에서 일한 지 2년째 되던 해의 일이었다.

물론 그냥 즐기기만 해도 괜찮다. 주말의 취미니까 말이다. 월

요일부터 금요일까지는 미래의 나(우주로 가겠다는 꿈)로 연결되는 보람 있는 일을 하고 주말에는 좋아하는 자연을 마음껏 즐기고. 멋진 생활 방식이라고 생각했다.

하지만 언제부턴가 자연과 접하는 즐거움이 우주를 향한 마음만큼이나 커졌다는 걸 깨달았다. 그 이후부터였다. '그래서?'라는 질문에 어떤 대답도 내놓지 못하는 날들이 이어졌다. 고민은 계속됐고, 매일 계획된 양만큼 자동차를 조립하는 도요타의 생산 라인을 멍하니 바라보는 날들이 반복됐다.

사람에게는 계산할 수 없는 일이 갑작스레 벌어진다. 대부분의 경우, 어딘가에서 생긴 계산 착오 때문이라 그것만 수정하면 원래대로 움직인다. 기계도 마찬가지다. 하지만 인간의 경우, 무슨 생각에선지 굳이 틀린 계산을 하기도 한다. 그리고 그것이 생각지도 못한 것을 만들어 내기 시작하고 어느 순간 그것을 즐기는 자신과 마주하게 되기도 한다.

호기심이란 참 묘하다. 내 짧은 인생 안에서도 몇 번이나 나를 이런저런 곳에 데려다 주었다. 우주가 그랬던 것처럼, 그리고 아마가 그랬던 것처럼 말이다.

우주 소년, 섬에 가다 아베

스물여덟이었던 그해, 도요타 근무는 3년째로 접어들었다. 8월 휴가를 이용해 오가사와라 군도小笠原群島로 떠났다. 목적은 물론 바다. 헤엄치는 것도 즐거웠지만 뭐니 뭐니 해도 내 손으로 잡은 생선이 얼마나 맛있었던지! 최고의 여름을 온몸으로 느끼는 시간이었다.

거기서 우연히 묵은 여관도 정말 재밌는 곳이었다. 빨래는 숯과 소금으로 했고 놀랍게도 머리는 희석한 식초로 감아야 했다. '뭐지 이건?' 놀라운 발견이 가득한, 전혀 새로운 생활 방식이었다.

여관 주인은 지속가능한 생활 방식을 추구하는 사람이었다. 그가 이런 말을 했다.

"오랜 세월 자연과 공존해 온 인디언은 일곱 세대 앞을 내다보고 산다고 해요. 일곱 세대 앞 미래에 펼쳐질 사회의 지속성을 생각하며 각자의 인생을 살아가는 거죠. 그런 시점에서 바라보니 자연에 부담을 주지 않는 생활 방식이 옳다는 생각이 들었어요. 그래서 숙박객 모든 분이 자연과 지속가능한 공존을 체험해 볼 수 있도록 하고 있습니다."

청량한 아침 바람에 눈 뜨고, 바다의 광대함을 느끼며 작은 소일거리로 생선을 잡고, 밤이면 별이 총총한 하늘에 몸을 맡기고 감동하는 삶. 그런 삶에 완전히 매료되고 말았다. '내가 나아갈 방향이 혹시 이쪽은 아닐까?'라는 새로운 바람이 불어오는 걸 느낄 수 있었다. 오가사와라에서의 여정을 끝내고 돌아온 뒤에도 바람은 계속해서 멈추지 않았다.

다음번 바람이 불어오기 시작한 곳은 아마초였다. 회사 동기였던 이와모토 모모코岩本桃子(당시 성은 스즈키鈴木. 우리와 섬 친구가 된 이와모토 유岩本悠 군과 결혼하며 이와모토로 성이 바뀌었다)와 오가사와라 이야기를 할 때였다. 최고로 멋진 바다였다는 것, 그리고 그 특이한 여관 이야기도 나누었다. 그러자 그가 불쑥 이런 말을 꺼냈다.

"시마네 현 오키 군도 안에 섬 전체 규모로 지속가능한 지역 만들기를 하고 있는 아마초라는 섬이 있어. 그런 생활 방식을 좋아한다면 한번 가보는 것도 좋을 것 같은데?"

깜짝 놀랐다. 지역 활성화라든가 지속가능성이라는 말조차 모르고 있었는데 섬 차원에서의 활동이라니. '주민 전체가 지속가능성을 추구하는 사회가 존재할까? 게다가 일본의, 그렇게 동떨어진 곳에서?' 심장이 두방망이질 치기 시작했다.

이와모토 모모코의 남편은 아마초로 이주해 지역 살리기에 전력하고 있는 이와모토 유 군이다. 지금이야 아마에서 우리와 함께 생활하고 있지만, 당시 유 군은 세계 방랑 여행기 〈유학일기: 스무 나라를 흘러 다닌 스무 살 학생〉이라는 책을 집필해 그 인세로 아프가니스탄에 학교를 세운 사람이었다. 소니에 입사해 샐러리맨 생활을 하면서도 세계를 상대로 배움의 장 만들기를 전개한 대단한 활력의 소유자였다.

"이거야 원. 이래서는 안 가 볼 수가 없잖아."

2006년 12월, 곧바로 아마를 찾았다. 그때 관공서 과장님들과 만나 섬에 관해 자세한 것들을 배웠다. 다들 엄청나게 친절했다. 게다가 과장님들의 눈빛이 유달리 반짝거리기에 '왜 그럴까?' 하는 생각도 들었다.

실은 아마로 찾아가기 전 작은 사건 하나가 있었다. 아마에 가기 전부터 연락하고 지내던 이와모토 유 군이 "일본의 여러 시골을 도는 '지역발 지역행 치치 버스'란 걸 기획 중인데 그 버스를 도요타가 제공해 줄 수 없겠냐"고 제안했던 거다. 지역발 지역행 치치 버스란 일본에서 성공적으로 지속가능성을 추구하고 있는 시골을 순례하고 그것을 매개로 지구를 내 몸처럼 생각하는 '지구의 팬'을 늘려간다는 기획이었다.

굉장히 재밌는 기획이구나 싶었다. 그래서 사내 대학 졸업생 모임 자리를 빌려 부사장님께 치치 버스 기획을 제안해 보았다. "지역 사회에 대한 공헌은 회사 측에도 CSR^{Corporate Social Responsibility} (기업의 사회적 책임)로서 가치가 있다. 이왕 한다면 달릴 때마다 무언가 지구에게 도움을 줄 수 있는 기술 혹은 환경에 대한 추가 가치를 제공할 수 있는 기획으로 만드는 게 어떠냐"고 제안했다. 부사장님 은 깊은 흥미를 표하며 이야기를 들어주셨지만 당장 진행할 수 있 는 일이 아니었기에 아이디어만 받아들인 형태로 끝나고 말았다.

나중에 알고 보니 이 일이 일부 섬 사람들 사이에서 작은 얘깃 거리였다고 한다. "도요타 부사장한테 재밌는 걸 제안한 녀석이 섬 에 온다는구먼"이라며 말이다. 그래서 12월 첫 방문 때 나를 바라 보는 눈빛이 다들 반짝거렸나 보다. 아무튼 결과적으로 제안은 실 패였다. 그럼에도 나에 대해 이런저런 관심을 가져주다니, 어쩐지 행복한 기분이었다.

당시 나는 나고야에 살고 있었다. 당연한 말이겠지만, 도시에 서는 관공서에 근무하는 과장급 공무원을 만난다는 게 그리 쉬운 일은 아니다. 하지만 아마에서는 지역 만들기에 몸담고 있는 당사 자가 아무 것도 모르는 젊은이의 이야기를 진지하게 들어 주었다. 심지어는 "아마 지역 활성화를 위해 뭔가 제안해 줄 건 없나?"라 며 적극적으로 이야기를 풀어나갔다. 아마에 처음으로 찾아온 내 게 말이다. 어쩐지 그때 벌써 동료로 받아들여진 것 같은 느낌이었 다고 할까.

내가 결정적으로 아마에 빠져들게 된 건 그날 밤 술자리에서였다. 의원, 관공서 과장, I턴(출신지가 아닌 다른 지역으로 거처를 옮기는 일), U턴(시골에서 태어나 자란 사람이 도시로 나갔다가 다시 고향으로 돌아오는 일)한 젊은이들, 아마의 중학생들(물론 애네들은 술 말고 음료로)이 음식이 차려진 테이블에 둘러앉아 '어떻게 하면 우리 섬이 좋아질까?'에 대해 진지한 대화를 나누는 것이었다. '그렇구나. 이게 바로 섬 전체 차원이라는 거구나.' 그렇게 느낀 술자리였다.

섬 사회의 등장인물이 한데 모일 수 있는 테이블이 있다는 것, 그건 정말 멋진 일이었다. 그 테이블의 일원이 된 지금도 그렇다고 생각하고 있다.

도쿄 한가운데에서 외딴섬으로 노부오카

생태학과 지속가능성 같은 세계에 흥미를 갖게 된 뒤로 이런저런 모임에 나갔다. 책을 붙잡고 공부도 했다.

생태학과 지속가능성 같은 가치관에 눈을 돌리게 되는 계기란 사람마다 다를 것이다. 어쩐지 이런 분야는 '사회에 좋은 일을 하고 싶다'거나 '자연을 보호하고 싶다'처럼 어딘가 나와는 다소 동떨어진 동기에서 시작될 거라 생각하기 쉽다.

하지만 실제로 내가 그랬듯, 일반 회사원으로 근무하면서 사회 시스템에 의문을 품고 상상하기 시작하는 것도 하나의 좋은 동기다. 그만큼 사회의 사고방식이 바뀌고 있다고도 할 수 있다. 아무튼 뭔가 오랜만에 새로운 것을 공부하는 신선한 기분에 가슴 뿌듯한 나날이었다.

그러던 중 만나게 된 사람이 다카노 사야카高野清華였다. 우리가 후에 만들게 될 회사 '메구리노와'의 멤버 중 한 사람이다. 구마모토 현熊本県 출신인 다카노 사야카는 고등학교 때부터 NPO(비영리조직), NGO(비정부조직)와 관련된 활동을 해왔다. 공부벌레에다가 한 가지에 빠지면 완전히 몰두하는 스타일, 그의 첫인상은 그랬다. 환경, 평화활동 분야에 정통했고, 굳이 말하자면 지적 관심이 생태학과 지속가능성에 몸을 담게 된 동기라고 할 수 있겠다. 이른바 연구자 겸 실천가의 시선으로 이 세계에 발을 디딘 타입이었다.

대학 졸업 후 도쿄로 간 그는 시민 미디어를 만들기 위한 NGO 활동도 했다고 한다. 매스 미디어에 대한 의문 때문이었다. 또한 가까운 미래에는 규모가 작은 지역으로 들어가 그곳 사람들과 함께 지속가능한 지역 모델을 만들고 싶다고도 했다.

내가 다니던 벤처 회사를 그만둔 것도 그 무렵이었다. 앞일이 어떻게 될지 아무 생각도 하지 않았다. 일단 퇴사 후 얼마 동안은 유기농 채소 유통 회사나 생태학과 관련된 미디어 등, 내가 가야 할 곳이 어딜까 찾아다녔다. 하지만 매력적으로 다가오는 곳이 없었다. 내가 흥미를 느끼는 부분은 사회 시스템 그 자체였기 때문이다. 사회 시스템 속의 불합리를 개선하기 위해 생태학과 지속가능성을 염두에 뒀던 것이다. 결론적으로는 사회 시스템에 어떤 식의 영향을 끼칠 수 있는 실천가가 될 방법을 찾고 싶었다.

그러던 어느 날, 내가 지나치게 도쿄 중심으로 생각하고 있다는 걸 깨달았다. 생태학과 지속가능성의 아이디어를 퍼트리는 데는 도쿄가 유리하지만 실천가가 되기에는 불리했다. 반드시 개선해야 할 현실의 시골, 생명을 키우는 땅과의 거리가 너무 멀었던 거다. 어떻게 하는 게 제일 좋을지, 시골로 이주한다고 해도 어디로 가야 할지 몰랐다. 그런 생각을 하고 있을 즈음 갑작스레 다카 노가 이주에 대한 이야기를 꺼냈다. 들어 보니 후보지에 대한 이미 지도 확고했다.

"아무튼 이거 한번 읽어 봐." 그러면서 건넨 책이 〈외딴섬발發, 살아남기 위한 열 가지 전략〉이라는 책이었다. 지금 우리가 살고 있는 섬 아마초의 야마우치 미치오山內道雄 정장이 쓴 책으로 아마의 지역 만들기에 대한 내용으로 가득했다. 섬 전체 차원에서 지속가 능한 사회를 만들고 있다는 내용이었다. 그런 곳에서라면 분명 내 가치관을 알아줄 수많은 동료와 만날 수 있을 것이라 생각해 다카 노를 따라가기로 했다. 이른바 한 어른의 인생을 건 진지한 소풍 길이었던 거다.

당시 아마초의 지역 살리기는 이미 어느 정도 활성화된 상태 였다. 모임에서 만난 사람들에게 야마우치 정장의 책 이야기를 하 다가 "친구가 그 섬에 가 있다"거나 "친구의 친구가 그 섬으로 귀 농했다"는 이야기도 듣게 됐다. 그 연줄에 부탁해 섬에 갈 계획을 빠르게 세웠다.

모처럼 가는데 빈손으로 가는 것도 미안해서 다카노와 의논한 결과 하고자 하는 것을 기획서로 만들어 가기로 했다. 우리의 생각 을 부딪쳐 보기로 했다. 그곳의 진정한 실천가들에게 우리의 생각 이 어디까지 통용될 것인지 시험해 보고 싶었다. 그리하여 우리가 하고자 하는 것, 생각하는 것을 채워 넣은 열 장짜리 기획서를 들 고 아마로 들어갔다. 3박 4일 일정의 여행이었다.

아마는 정말 멋진 곳이었다. 아름다운 바다, 풍요로운 자연, 깨끗한 마을. 아마에 머무는 동안 관광협회 관계자, 교육위원회 과장, 산업창출과 과장 등 많은 사람들을 소개받았다. 섬사람들은 어디서 온 누군지도 모를 우리의 이야기에 귀를 기울였고 조언도 해주었다. 그게 너무나도 기뻤다.

어떻게 정착하게 될지 몰랐던 내 인생에 "여기에 있어도 괜찮아"라고 아마가 속삭이는 듯한 기분이었다. 다른 지역과 비교해서가 아니라, 직감적으로 '그래, 여기가 좋다' 그런 느낌을 받았던 게 아직도 생생하다.

그게 2007년 9월 말의 일이었다. 도쿄로 돌아온 다카노와 나는 즉시 아마로의 이주를 결심했다. 3박 4일이라는 짧은 기간으로 인생을 결정한 것이었다.

'생각은 나중에도 할 수 있지만 행동할 수 있는 건 지금뿐이다.'

다카노와 내가 가진 공통 생각이었고, 메구리노와를 만들기 4개월 전의 일이었다.

이제 와서 생각해 보니 그때 우리는 정말이지 마음 내키는 대로 살았던 것 같다. 자기 인생이 어떻게 될지 아무 생각도 하지 않았으니까. 하지만 인생이나 일을 움직이고자 한다면 때로는 마음이 시키는 대로 따르는 게 지름길이기도 하다.

도전을 응원하는 섬 _노부오카_

다카노와 나는 성격상 뭔가 생각나면 곧바로 해야 하는 사람들이다. 3박 4일 아마 여행으로 분위기가 무르익었고 착착 이주를 준비했다.

시골의 고용 창출을 위해 '섬 학교'를 만들고 싶다는 것이 다카노와 내가 아마로 가져간 기획서의 내용이었다. 지역 사회 활성화라는 말은 새로운 일자리 창출과 같은 의미로, 일자리 창출을 위해서는 매력적인 사업이 필요하다. 시골에서 매력적인 사업이 전개되려면 어떻게 해야 할까? 그를 위해서는 지역의 진정한 매력을 외부 사람들에게 알릴 수 있는 기회가 필요하다. 그와 동시에 사업을 이끌어갈 사람들이 시골에서 즐겁게 생활하기 위해 어떻게 해야 하는지, 교육 부분을 제공할 필요가 있다. 그렇게 해야만 지역에 뿌리박고 활약할 인구를 늘릴 수 있고 경제의 풍요도 손에 넣을 수 있기 때문이다.

일반 도시의 경우, 집은 주택 중개 회사로 가면 바로 찾을 수 있고 일 역시 인터넷이나 헬로 워크 같은 구직 사이트를 사용하면 곧바로 찾을 수 있다. 그리고 무엇보다 도시에는 선택할 수 있는 일의 종류가 다양하다. 즉 즐겁게 생활하기에는 도시 쪽이 시골보다 훨씬 간단하다.

그러나 시골에서는 어떨까? 일이나 살 집이 있기야 하지만 그 수가 적기도 하고 어떻게 찾아야 할지 모르는 경우가 많다. 애초에 그런 정보를 접할 기회도 적다. 그러니 새로운 사업을 시작하기 힘들고 고용 촉진도 어렵다. 결과적으로 활성화되지 못하는 것이다. '시골은 느긋하니까 살기 좋을 거다'라는 건 그저 곁에서 본 모습에 불과하다.

그래서 우리는 어떻게 하면 시골에서 즐겁게 살 수 있을지 교육할 수 있는 학교 같은 존재가 지역 사회에 있어야 한다고 생각했다. 아마에서 그것을 실천해 보고 싶었다. 그리고 아직 그런 역할을 하고 있는 사람이 적다는 것도 결심의 동기였다.

이런 내용을 아마 사람들에게 과감히 피력해 보았다. 갑자기 들어온 외부 사람, 게다가 웬일인지 기획서까지 만들어 와서는 자신들이 하고 싶은 걸 갑작스레 이야기한 셈이다. "일단은 지역에 익숙해지는 게 먼저다"라든가 "좀 더 천천히 생각해 보라"는 소리도 나올 법 했지만 우리가 만난 아마 사람들은 그렇지 않았다. 우리의 제안을 진지하게 들어주었다. "오, 그런 게 있으면 좋지. 해 보면 되지 뭐." 기쁜 듯 웃으며 그렇게 말했다. 마침 아마에서도 마을 차원의 교육 부분에 힘을 실으려 하던 참이었다. 그런 절묘한 타이밍에 우리가 찾아간 것도 긍정적인 반응이 나온 이유 중 하나일 테지만 말이다.

아무튼 정말 기뻤다. 꿈이 이루어질 지도 모른다는 생각이 들었기 때문이다. 그러나 무엇보다 기뻤던 건 우리가 나아갈 길 앞에 우리를 이해하고자 하고 그 꿈을 함께 바라보는 사람이 있다는 사실이었다.

주식회사여야만 하는 이유 노부오카

'섬 생활에 필요한 정보를 제공하는 학교. 섬에 그런 학교를 만든다.'

하고 싶은 일의 윤곽은 잡혔지만 이제 어떻게 해야 할까? 학교를 만들고 싶으니 건물을 달라거나, 선생님을 수배해 달라거나, 선생님을 고용할 돈이 필요하니 돈을 달라거나 물론 이런 게 통할 리 없다. 실제로 운영할 수 있다는 확증이 있다면 사업계획서를 써서 융자를 모으는 것도 할 수 있겠지만 이 사업은 해 보기 전까지는 어떤 일이 일어날지 아무도 모른다. 아직 어디에도 전례가 없기 때문이다.

하지만 해 보고 싶었다. 꿈과 현실 간의 괴리를 어떻게 메울 것인가, 그런 것들을 고민하던 때 도쿄의 스터디 모임에서 힌트를 발견했다. 퇴직 후 아마에 예비 조사차 왕래하기 전에 다니던 스터디 모임에서의 일이다. 스터디 참가자 중 한 명이 한숨 섞인 목소리로 이런 말을 했다.

"이렇게 토, 일요일이면 생태학이니 지속가능한 삶이니 미래 사회에 대해 공부하고 있지만 결국 월요일부터 금요일까지는 그냥 평범한 회사원일 뿐이네요."

"그게 싫으면 회사를 그만두면 되지 않느냐"는 내 말에 이런 대답이 돌아왔다.

"시골에 가면 일자리가 없잖아요."

그때 확신이 들었다. 시골 같은 지역 사회에서 반드시 해결해야 할 것이 고용문제라는 걸 말이다.

도시에는 생태학이나 지속가능한 사회에 대해 배울 기회가 풍부하다. 그러나 시골에는 그것을 실천하는 데 필요한 일자리가 부족하다. 시골의 고용 부족이 시골과 도시의 긍정적 관계를 방해하는 장애물이었다는 사실을 알게 됐다.

그 문제를 해결하지 않으면 아무리 학교를 만들어 시골에서 즐겁게 사는 방법을 가르친다고 해도 유능한 인재가 유입되는 순환 과정을 만들어 낼 수 없다. 그러나 반대로 일자리만 있다면 지역 경제를 보다 좋은 방향으로 견인할 아이디어와 기술을 가진 사람이 지역으로 들어와 실천가로 활동할 기회가 늘어날 수 있다.

그러기 위해 일단 우리부터 몸을 던져야 한다고 생각했다. 실천가가 되어 무언가를 보여주는 게 중요하다는 걸 깨닫게 된 거다. 우리가 만들고자 한 섬 학교가 고용을 창출할 수 있다면 좋을 거라는 생각도 그때 하게 됐다.

먼저 어떤 식으로든 조직을 만들 필요가 있었다. 그래서 다카노와 둘이서 조직의 명칭과 형태를 고민하기 시작했다. 시골 지역 사회로 들어가는 조직이니 외래어는 피하고 가능한 일본어 이름으로 하기로 했다. 몇 가지 안을 서로 내놓다가 "'메구루巡る('돌다. 순환하다'라는 뜻)'라는 글자가 뭔가 괜찮지 않아?" 그렇게 이야기가 진행되었다. '섬 학교'를 통해 시골에서 배우는 일, 고용을 창출하는 일, 도시의 유능한 인재를 끌어들이는 일, 이런 것들이 돌고 돌아 하나의 고리環로 연결되는 조직. 그런 이미지에서 도출된 이름이 '메구리노와巡りの環('순환의 고리'라는 뜻)'였다. 다카노의 아이디어였다.

다음으로 조직 형태를 생각하다 보니 뭘 하든 둘만으로는 허전했다. 동료를 늘려야겠다는 생각이 들었다.

실은 우리가 처음 아마에 갔을 때 먼저 귀촌한 이와모토 유 군한테 들은 얘기가 있었다. 우리와 같은 생각을 하고 있는 사람이 있다는 거였다. 게다가 도요타를 그만두고 아마로 들어온다고 했다. 얼른 끌어들이자 싶어 곧바로 연락을 취했다. 그 사람이 바로 아베였다.

아베와는 곧바로 연락이 닿았고 창업 2개월 전인 2007년 11월 교토 가모가와鴨川에서 처음 만났다. '재미없지만 좋은 녀석', 아베와의 첫 만남에서 받은 인상은 그랬다.

아베는 차분했고 말투와 태도도 부드러웠다. 세계 여행 경험도 있었고 시고쿠四国 지역을 자전거로 일주하는 등, 풍부한 여행 경험에서 아마에 이르게 됐다는 경위만 봐도 아베는 우리와는 전혀 다른 사람이었다. 아베에게는 생각나는 대로 행동하는 우리에게 없는 안정감이 있었다. 게다가 다카노와 내가 겨우 한 번의 방문 후 이주와 창업을 결정한 것에 비해 아베는 무려 네 번이나 아마를 다녀온 후에야 이주를 결심했으니 말이다.

'따분한…… 아니, 신중한 녀석이군.' 그의 이야기를 듣고 다카노와 나는 그렇게 생각했다. 그리고 당연한 말이겠지만, 아베는 지나치게 아무 생각 없는 우리를 곧바로 신용할 수는 없었을 거다. '이 사람들 영 미덥지 않은데…….' 그런 생각으로 우리를 보는 것 같았다.

한 명이라도 더 끌어들이자는 마음도 있었지만 아무튼 아베는 어딘지 모르게 신뢰할 수 있는 사람이라는 느낌이었다.

"만약 함께 일을 하게 된다면 어떤 조직 형태가 좋을까?"

몇 번 만나는 동안 현안의 문제였던 조직 형태에 대한 이야기를 꺼내 봤다. 어떤 형태에 어떤 메리트가 있을지 이야기를 나누는 동안에도 아베는 절반 정도 남의 일처럼 이야기를 듣고 있었다. 갑작스레 찾아와서는 창업 이야기를 꺼낸 데다가 의문의 조직명까지 결정되어 있는 상황이었으니 아베로서는 어리둥절하기도 했을 거다. 다카노는 비영리 시민단체인 NPO 형식도 좋다는 생각이었다.

조직 형태에 대해 나름대로의 결론을 내놨던 나는 "주식회사여야만 한다"는 말로 이야기를 꺼냈다.

"우리가 제대로 된 경제 활동을 통해 이 섬에서 행복하게 살아가는 실례를 만들어야만 한다고 생각해. 그래야 이런 삶도 있다는 걸 현실감 있는 말로 전달할 수 있을 거라고 봐. 그리고 '스스로

벌어 고용을 창출하겠다' 정도의 진지한 마음으로 지역 사회의 고
용 부족을 바라볼 필요도 있어. 그런 사람이 늘어나야만 지역과 도
시의 긍정적인 순환이 확대될 수 있을 거야. 게다가 우리는 이런
것들을 사회에 전하고자 하는 사람들이잖아? 스스로 실천한 후에
야 비로소 사람을 가르칠 입장으로 학교에 설 수 있지 않을까?"

그리고 이런 말로 내 이야기를 마무리했다.

"나는 우리가 우리 나름대로 이 섬에서 경제 활동을 해야 한
다고 생각해. 그렇게 시작하지 않으면 의미가 없어. 그런 면에서
우리가 제일 먼저 할 일은 주식회사로 창업하는 게 아닐까?"

세계 일주와 바꾼 편도 배표 아빠

창업 4개월 전인 2007년 9월, 노부오카와 다카노는 아마로
이주를 결정한 상태였다. 하지만 그때 나는 벌써 1년에 걸쳐 아마
를 네 번 방문한 상태였다. 한 번의 방문으로 아마행을 선택한 그
들과 달리 아마를 오간 경력은 내가 더 길었다. 하지만 오히려 그
런 경험 탓인지 세 가지 선택지를 두고 고민은 여전했다.

- 지금 바로 아마로 간다.
- 2년이라는 기간을 정해 도요타에 근무하면서 기술과 돈을 축
  적해 아마로 간다.
- 지금 바로 컨설턴트 직종으로 이직해 경력을 쌓는다. 컨설턴
  트로서의 실력이 어느 정도 갖춰지면 아마로 간다.

세 가지 선택지 중 내가 원하는 것으로 향하는 지름길은 무엇
일까?

세상 사람에게 따뜻하고 인간다운 삶의 방식을 제안하는 것이

내가 원하는 내 미래상이었다. 하나씩 소거하는 방식으로 생각해 보니 제일 먼저 도요타가 제외되었다. 습득할 수 있는 기술의 방향성이 한정되어 있다는 이유 때문이었다.

컨설턴트의 문제 해결 능력은 보편적으로 활용할 수 있다는 장점이 있지만 그 기술을 획득하는 데 몇 년이 필요하다는 게 장애물이었다. 시대의 흐름을 생각해봤을 때도 문제였다. 2007년 당시에도 이미 지역과 환경, 생태학 면에서 새로운 것들이 생겨나 고속하고 있던 상황이었으니 말이다. 그렇지 않아도 환경이나 지역 살리기에 대해 배운 게 없는 나였다. 이 이상 늦어버리면 아무 것도 하지 못한 채 평생 후발 주자가 될 수밖에 없겠다 싶었다. 조금이라도 빨리 지역으로 들어가 땀과 눈물을 흘리며 나 자신의 언어로 그것에 대해 말할 수 있기를 바랐다. 그래서 '지금 바로 아마로 간다'는 선택지를 고르게 됐다.

그렇다고는 해도 노부오카, 다카노와 함께 창업하리라고는 전혀 예상치도 못했다. 갑작스레 외딴섬에서, 하물며 그 땅을 제대로 알지 못하면서 창업할 수는 없다는 생각이었다. 처음에는 아마의 상품개발연수생, 즉 지방공무원으로 일할 생각이었다.

그리고 나는 도요타 퇴사 후 3개월 동안 세계를 돌아볼 생각이었다. 이런 타이밍에 세계가 어떤 모습인지 내 눈으로 직접 봐두면 장래에 반드시 도움이 되리라 생각했다. 근데 그런 상황에 노부오카와 다카노를 만나고야 만 것이다.

어느 날인가, 아마에 정착한 귀촌 선배 이와모토 유 군이 노부오카와 다카노라는 사람 이야기를 하며 연락해 보라고 권하기에 그렇게 했다. 그때 받은 첫인상은 이랬다. '뭔가 엄청 열심히 공부

38

하는 녀석들이로군.'

그해 11월 교토에서 셋이 만났다. 가모가와 강을 따라 걸으며 노부오카는 "창업하려고 하는데 같이 하지 않겠냐"고 열의를 다해 내게 권했다. 이야기를 들어보니 섬 학교 만들기에는 분명 흥미가 끓어올랐다. 재미있는 일이었고 시골에 지속가능한 사회를 만들기 위해 꼭 필요한 것이기도 했다. 아무도 그런 일을 한 적이 없다는 것에도 생각이 이르렀다.

하지만 실제로 어떤 수요층이 있는지도 모르는 와중의 창업 인데다가 구체적인 사업에 대해 결정된 건 아무 것도 없었다. 어쩐 일인지 '메구리노와'라는 수상쩍은 회사 이름만 정해져 있었다. '엉망진창이구나.' 그때 받은 솔직한 느낌은 그랬다.

대답을 보류하고 집으로 돌아와 1주일 정도 생각했다. 꽤나 내 인생도 이상하게 흘러가는구나 싶었다. 기대감도 있었지만 불안도 가득했다. 그러나 잘 생각해 보니 인생에 어떤 사건이 일어났을 때, 앞으로 어떻게 될지는 아무도 모르는 거였다. 이 방향 전환이 옳았는지 아닌지는 나중에 생각해도 되지만 창업에 대한 선택은 지금밖에 할 수 없는 일이었다.

이런저런 생각 끝에 내린 대답은 '뭐, 괜찮겠지'였다. 어차피 다른 길로 발을 내디뎠고 그런 김에 한번 해 보자는 심정이었다.

사업 내용은 "이제부터 생각할 겁니다" 노부오카

그런 연유로 아베는 다카노와 내 강압적인 설득에 반은 억지로 창업에 동참하게 된 셈이었다.

이럭저럭 선수는 다 모였고 다카노와 내가 한 발 먼저 섬으로 들어간 게 2007년 11월, 아베는 뒤에 우리와 합류했다. 이사하랴, 이웃들에게 인사하러 다니랴, 섬 생활 시작과 동시에 등기 수속도 했다. 물론 등기 신청을 대행할 돈이 없었기 때문에 이웃 섬으로 직접 등기부를 만들러 가야 했다. 그렇게 분주하게 움직인 결과 2008년 1월 말, '주식회사 메구리노와'가 탄생했다.

첫 월급은 15만 엔으로 정했다. 내가 출자한 50만 엔 중 등기 수속에 30만 엔을 쓰고 20만 엔은 주식으로 돌렸다. 그때 내 통장 잔액이 4천 엔이었다. 이제 되돌릴 수도 없는 상황이었다.

아베는 마지막까지 "회사 이름이 뭔가 수상쩍다"고 투덜댔지만 대안이 있냐고 물어봐도 딱히 다른 게 없었기에 좌우간 그대로 달려보기로 했다. 그렇게 섬에서 우리의 새로운 사회생활이 시작되었다.

메구리노와는 사업 내용도 거의 정해지지 않은 상태에서 만든 회사였기 때문에 등기부 등본의 사업 목적 항에 쓴 내용도 10여 개나 된다. 제일 첫 항목에 써 넣은 것 중에 '지역 만들기 사업'도 있었다. 이게 상당히 애매한 것이라 지역에 관계된다면 뭐든 가능하다는 내용이 되는데 어떻게 법무국을 통과할 수 있었는지 우리도 놀랄 정도였다. 아무리 열의 하나만으로 만든 회사라지만 정말 심하긴 했다.

이웃에 인사하러 다닐 때도 그랬다.

"처음 뵙겠습니다. 오사카에서 온 노부오카입니다"라고 인사하면 "새로 온 사람이구먼. 관공서 같은 데 취직해 들어왔는가?"라고 물어보았다. "아뇨. 메구리노와라는 회사를 만들어 볼 생각이에요" 이렇게 대답할 때까지는 괜찮지만, "아. 그래? 무슨 일을 하

는 회사인가?"라는 질문을 받으면 "이제부터 생각하려고요"라는
식이었으니까.

생각해 보면 그때부터 5년이 지난 지금, 여전히 우리는 생각
하고 있다. 하지만 적어도 지금은 그 말을 긍정적으로 할 수 있게
됐고, 그것이 우리의 자신감이 됐다.

"자네들은 그러니까, 섬이 하나의 '고리'가 되는 것뿐만 아니
라, 그 고리가 넓어져 가는 세계를 보고 싶다는 것 아닌가?"

언제부턴가 메구리노와라는 알쏭달쏭한 회사 이름에 대해 섬
사람들 사이에 이런 인식이 생겨나게 되었다. 그 말에 우리는 기쁜
마음으로 "그렇습니다!"라고 대답하고 있다.

셋이 교토 가모가와에서 만나 어떤 회사를 만들 것인가 이야
기를 나누고 2개월 후, 우리는 전부 섬사람이 되었고 아마 사람들
의 집을 돌며 인사를 드렸다.

내가 처음 아마를 방문한 때로부터 4개월 뒤의 일이었다. 한
손엔 마우스를 쥐고 한 손으로는 샌드위치를 먹으며 철야로 홈페
이지를 만들던 때로부터는 7개월 후의 일이었다.

도전을 위해 남겨둔 여백 아베

아마초의 재미있는 부분은, 귀촌해 들어오는 사람들의 자세가
적극적이라는 점이다. 그래서 요즘은 뜻을 세운 인재가 어떻게 아
마로 유입될 수 있었는지, 다양한 지역에서 시찰하러 오는 경우도
많다. 아마가 진취적인 성향의 젊은이를 끌어당길 수 있었던 이유
는 미래를 향한 커다란 비전과 함께 뭔가를 할 수 있는 '여백'이 남
아 있기 때문이라 생각한다.

물론 아마초에 여백은 하나의 과제이기도 했다. 예전에 아마는 경제와 자치 면에서 붕괴 직전까지 내몰린 섬이었다. 주민이 곤란을 겪을 만큼 밑바닥으로 떨어진 적도 있었다. 아마는 '기회가 있다면 뭐든 활용하자'고 발상을 전환했고 이를 계기로 '여백'이 생겨날 수 있었다.

물론 누구에게나 그런 기회를 준다는 건 결코 아니다. 그러나 진지하게 다가오는 마음에 제대로 응대하며 우리 같은 타지 사람에게 그 '여백'을 맡겨 준 사람이 아마에 많은 것도 사실이다.

그 결과 아마는 시골에서 유토피아를 찾으려는 사람보다 내가 바라는 내가 되기 위해 귀촌을 결심한 '진취적인 인재'가 모이는 섬이 됐다. 〈유학일기〉를 써서 그 책의 인세로 아프가니스탄에 학교를 만든 이와모토 유 군을 그 예로 들 수 있는데, 그는 소니를 그만두고 아마로 들어온 사람이다. 또한 히토쓰바시대학一橋大学을 졸업한 미야자키 마사야宮崎雅也 군은 졸업 후 첫 직장으로 아마를 선택한 사람이다. 섬에 있는 여관 '다지마야但馬屋'의 주인 할아버지에게 반해 제자로 들어갔고 건조 해삼 사업이라는 아이템으로 창업해 섬에 정착했다.

내가 도요타를 그만두고 아마행을 선택한 계기는 '섬 전체 차원에서 지속가능한 사회 모델을 만드는 재미있는 섬'이라는 것이었다. 새로운 사회를 만들 수 있는 기회란 게 평범한 삶 속에서 쉽게 만날 수 있는 게 아니니까. 그 엄청난 스케일에 당하고 만 것이다.

모든 것은 아마에 그런 토양이 있기 때문에 가능했다. 지역에 본래 흥미가 없던 사람도 '사회를 만든다'는 적극적인 미래상에 공감해 섬으로 들어갈 생각을 하게 되니 말이다. 이런 시발점의 차이가 아마의 지역 만들기를 특별하게 만들었다고 생각한다.

우리에게 있어 정신적 지주이자 아마의 얼굴이기도 한 아마초의 야마우치 정장이 지역 만들기에서 항상 중요하게 생각하는 건 '타지 사람, 젊은이, 바보'다. 그 지역 안이 아닌 외부에서의 시각을 가질 것, 젊은 힘을 주축으로 할 것, 바보처럼 순수하고 자유로운 발상을 지닌 지역 사람이 지역 만들기에 꼭 필요하다는 것을 비유한 말이다. 아마는 '타지 사람, 젊은이, 바보'라는 조건을 만족시키는 인재와 진지하게 마주보며 마음을 여는 것부터 시작했다. 아마가 매력적인 사람들로 넘쳐나게 된 건 그 때문이었다.

아마에서 창업한 후 '사회를 만든다'는 과정에서 부딪치는 장애물이 부쩍 낮아졌다는 느낌이 든다. 도시에는 살고 있는 동네의 미래에 대해 관공서 사람과 모여 진지하게 고민하고 제안을 나누는 자리가 전혀 없다. 그러나 아마에서는 우연히 들른 술집 같은 데서도 관공서 사람들과 자주 마주친다. 내가 낸 아이디어가 좋으면 "해보면 좋겠다"라는 얘기도 들을 수 있다. 그렇다고 전부 그랬던 건 아니지만 그 아이디어가 돌고 돌아 정말로 이뤄진 경우도 있다.

아마에 남겨진 여백은 전부 도전의 장이다. 그런 까닭에 모험을 좋아하는 젊은이가 아마라는 섬으로 모여든다고 생각한다.

섬사람 이야기 1

이와모토 유 岩本悠

1979년 도쿄 생. 대학 시절 아시아, 아프리카 20개국의 지역 개발 현장을 여행했다. 그 경험을 토대로 〈유학일기〉를 출간했으며 그 인세로 아프가니스탄에 학교를 지었다. 졸업 후 소니 입사. 소니의 인재 육성 부문에 종사하는 동시에 전국 학교를 돌며 개발 교육과 커리어 교육도 병행했다. 2006년, 아마로 귀촌했다.

아마초로 귀촌한 이와모토 유 씨는 교육위원회에서 '인재 육성을 통한 지역 만들기'를 추진하고 있다. 현재는 섬의 유일한 고등학교를 기점으로 지역 창업 인재 육성 코스, 학교와 지역을 연계하는 공립 학원의 설립, 전국에서 다채로운 재능과 의욕을 겸비한 학생을 모집하는 '섬 유학' 프로그램을 시작하는 등 지역 만들기를 위한 학교를 만드는 데 몰두하고 있다. 아프가니스탄에 학교를 설립하는 등 진취적인 경력으로 귀촌한 이와모토 씨에게 아마로 이주해 일하는 것에 대한 소회를 들어보았다.

섬 전체가 학교다

제가 아마로 온 이유는 현재 사회 시스템에 대한 문제의식 때문이었습니다. 시대의 흐름상 지속가능한 사회를 위해서는 우리가 변해야만 한다고 느끼고 있을 무렵 아마초에서 연락을 받았던 거죠.

'아마 왜건AMA wagon'이라는 기획을 통해 아마의 아이들에게 강의를 해달라는 초청을 받았습니다. 그것이 인연이 되어 하나의 제안을 받게 됐죠. 아마로 들어와 인재 육성을 통해 지역 만들기를 해 보지 않겠느냐는 것이었어요.

아마로 이주를 결심한 까닭을 묻는다면 첫 번째로 '시기적인 장점'을 들 수 있습니다. 아마초는 인구 감소, 출산율 저하를 동반한 노령화, 재정난 등 앞으로 일본 사회 전체가 직면하게 될 중요 과제의 최전선에 서 있는 섬이었어요. 지금 이 섬의 문제를 해결하는 것이 일본의 미래를 열어가는 것과 이어지리라 생각했습니다. 그리고 때마침 아마초도 위기감 속에서 스스로 변하고자 움직이려는 타이밍이기도 했죠.

두 번째는 '땅의 장점' 때문입니다. 바다로 인해 다른 세계와 단절된 섬이라는 땅의 공간성, 좁지만 그 안에 사회 시스템이 전부 들어가 있다는 완결성에 의해 아마초는 사회의 축소판으로 보였어요. 그런 까닭에 아마의 지역 만들기가 지속가능한 사회 만들기의 모델이 되리라 생각했습니다.

세 번째는 '사람의 장점' 때문입니다. 아마초에는 지역을 생각하는 마음과 변화의 의지를 품고 이질적인 것을 받아들이는 '키 맨 key man'이 정말 많았습니다. 그런 사람들이라면 함께할 수 있을 것 같다고 느꼈죠. 이 세 가지 장점의 교차점 위에 아마초가 원하는 것, 내가 할 수 있는 것과 하고 싶은 것이 겹치고 있다는 생각에 이주를 결심했습니다.

우리는 현재 도젠고등학교島前高校 매력 고취 사업에 몰두하고 있습니다. 그 사업에서 중시하는 것 중 하나는 이제껏 단점이라 여겨온 것들을 강점으로 재인식하는 것입니다. 메구리노와 회사와도 공통되는 부분이라고 생각하는데, 타지 사람이 제 몫을 해낼 기회는 '어떻게 발상을 전환할 것인가' 고민하는 바로 이 부분에 있다고 할 수 있어요.

본래 도젠고등학교는 출산율 저하로 존속 위기에 빠졌던 일본 최소 규모의 고등학교였습니다. 그러나 규모가 작다는 걸 달리 말하면, 최선을 다해 한 명 한 명 가르칠 수 있다는 면에서 강점이 됩니다. 학교 시설이나 설비가 불충분하고 교원이 부족하다면 '섬 전체가 학교'라는 발상의 전환을 통해 지역의 힘을 학교의 교육력으로 전환시키면 되는 겁니다. 지역민을 선생님 자격으로 학교로 모

시고 아이들을 마을 만들기에 참가시키면서 섬 전체 차원의 교육
환경 만들기를 진행하고 있습니다.

아마는 편의점조차 없는 외딴섬이죠. 그러나 불편하고 부자유
스러운 환경이기 때문에 인내심과 끈기를 더 잘 배울 수 있는 곳이
기도 합니다. 자원이 제한되어 있기에 있는 것을 활용해 풍요롭게
생활하는 지혜를 터득할 수도 있죠. 풀어야 할 과제가 많은 곳이기
에 사람 사이의 유대가 얼마나 중요한지 깨달을 수 있습니다. 그렇
기에 협동심과 감사의 마음에 눈뜨기 쉬운 곳이며, 매일의 문제 해
결을 통해 기개와 인간적인 면을 기를 수 있는 절호의 장소라고도
할 수 있어요.

이렇게 우리는 섬의 단점을 장점으로 내세워 전국의 의욕적인
아이들을 모집하는 '섬 유학' 프로그램도 시작했습니다. 다채로운
능력과 다양한 시각을 가진 아이들이 전국에서 모여들었고 그 아
이들이 섬 아이들에게 자극제 역할을 해 주기도 했습니다. 이러한
섬 유학 프로그램을 통해 학교를 활성화할 수 있었어요.

섬 유학 프로그램의 성과는 도젠고등학교 입학 희망자 수의
증가라거나 들어가기 힘든 대학의 합격 실적 같은 수치뿐만 아니
라, 졸업 후 아이들 모습에서 여실히 드러난다고 봅니다.

"서른에 섬으로 돌아와 정장이 되겠다. 그래서 아마를 일본에
서 가장 행복 지수가 높은 곳으로 만들겠다."

"사람과 사람 사이를 연결하는 카페를 차리는 게 장래의 꿈이
다. 내가 좋아하는 음식을 통해 우리 마을을 좀 더 건강하게 만들
고 싶다."

올 봄, 이런 뜻을 품고 도쿄의 대학으로 진학한 졸업생들은 현

재 아르바이트나 사회 활동을 하며 자신의 꿈에 다가가고 있습니다. 나중에는 해외로 나가 북유럽의 지방자치나 프랑스, 이탈리아의 식문화를 배우고 싶다고 다들 열심이죠. "아마에 새로운 산업을 만들고 싶다"며 경영학부에 진학한 한 학생은 섬과 도쿄를 연결하는 인재 사업을 구상해 비즈니스 콘테스트에서 입상하기도 했어요. 올봄에는 호주로 지역 활동 체험을 다녀오기도 했고 얼마 전에는 섬과 해외를 연결하는 행사도 실시했죠. 이런 졸업생들의 모습은 섬이 학력學ヵ뿐만 아니라 인간력人間ヵ과 장기적인 비전을 길러줬다는 증거가 된다고 봅니다.

도요타에 근무하던 아베 군도 그렇고 도쿄에서 웹 디자이너로 일했던 노부오카 군도 그렇듯, '도시 감각'을 가지고 아마로 들어온 사람은 아마의 풍토나 문화를 소중히 하며 도시 감각을 활용한 새로운 사업을 만들어 갈 수 있으리라 봅니다. 졸업생들 또한 그렇게 되길 바라고 있어요. 아마라는 '섬의 감각'과 더불어 도시의 세계 감각을 습득하길 바랍니다. 그리고 후에 지역으로 돌아와 지속 가능한 지역 사회를 만들어 갔으면 하는 게 제 바람입니다.

메구리노와가 대단한 건 지역과의 융합 방식이죠. 섬사람들 속으로 확실히 들어가 일을 하고 있는 부분이 특히 그렇습니다. 그들의 '섬 학교 만들기'에 지역 사람들이 기쁜 마음으로 협력하고 있는 건 바로 그런 이유에서라고 봐요. 메구리노와는 그런 면에서 제게 좋은 자극을 주고 있습니다.

앞으로 메구리노와의 사람들과 함께 연계 사업을 해보고 싶다고 생각합니다. 우리가 추진하고 있는 '섬 유학' 프로그램과 메구리노와의 '섬 학교 만들기'를 연계하면 재밌을 것 같네요.

2장

섬에서 우리의 일을
시작하다

섬의 음식 문화제 노부오카

어쨌건 회사를 만든 데까지는 좋았지만 그 회사라는 게 고작해야 동호회에서 동아리 활동 정도로 바뀌었을 뿐 사무실도 없었다. '섬에서 학교와 관련된 사업을 하고 싶다'는 꿈 이외에 이렇다할 구체적인 내용도 없었고 말이다.

"꿈만으로 사업이 되는 건 아니지."

셋이 머리를 맞대고 고민했다. 창업 후 맞이한 당면 과제는 사업을 만들어 회사 차원의 이익을 만들어야 한다는 것이었다.

그리고 또 하나 문제가 더 있었다. 아마로 이주한 후 멤버 간에 의견 충돌이 계속됐다는 점이다. 셋이서 같은 꿈을 꿀 때까지는 즐겁고 좋았지만 각자의 인생을 걸고 한솥밥을 먹게 되니 생각의차이가 분명히 드러났다. 의욕만으로 했던 창업이 순식간에 정체상태로 돌입하고 만 거다.

지금까지 세 명이 해왔던 일이 너무나도 달랐던 데도 그 원인이 있다. 내 경우, 대학을 졸업하자마자 벤처 기업에서 일했다. 뭘팔아야 할지도 모르면서 무작정 영업 판에 뛰어들고 보는, '하면서배워라'식의 비즈니스맨이었다. 아베는 교토대 대학원에서 연구생활을 한 후 대기업 도요타에서 근무한 엘리트였다. 우리 중 유일한여성인 다카노는 NGO 등 풀뿌리 활동을 하는 시민활동가였다.말하자면 서로 다른 기술이 난무하는 이종격투기 현장이었던 거다.

서로의 다름을 즐길 수 있을 때까지는 괜찮았다. 그러나 시간과 장소에 따라 그것을 즐기지 못할 때도 있다는 걸 알게 됐다. 같은 회사에서 땀 흘리며 같은 일을 한다는 건, 그러한 문제와의 싸움에 늘 노출되어 있는 것과도 같았다.

게다가 여기는 작은 외딴섬, 시골이다. 이사한 지 얼마 되지 않
으니 친구도 없었고 만나기 싫을 때도 회사 동료와 함께 있을 수밖
에 없는 상황이었다. 이런 면에서 시골에서의 창업은 쉽지가 않다.

"새로운 곳에 왔으니 익숙해지기 위해서는 천천히 해 나가는
게 좋다. 서두르다가 섬의 방식에 반하는 행동으로 문제를 일으켜
여기서 살 수 없게 된다면 모든 게 수포로 돌아간다"는 게 다카노
와 아베의 논조였다.

하지만 내 생각은 달랐다. "그렇지 않아도 섬은 돈벌이가 어
려운 곳이다. 보다 효율적으로 이윤을 추구하지 않으면 벤처 같은
건 한순간에 무너진다. 그렇게 한가한 소리를 하고 있을 때가 아니
다." 이런 위기감이 내 안에 있었기 때문이다.

'다들 같은 꿈을 꾸고 있는데 왜 제대로 되지 않는 걸까?' 이
것만은 셋 모두 같은 생각이었다.

결국 서로의 인식 차이는 평행선 상태로 두고 서로 하고 싶은
비전대로 움직여 보기로 했다. 경과를 지켜보기로 한 것이다. 그렇
게 각자가 일하는 방식을 통해 서로의 개성을 파악하기로 했다.

다카노는 창업 후 몇 달 동안 아마의 한 마을 속으로 들어가
오징어, 해초 같은 수산물 가공 현장에서 일했다. 우리 중 유일하
게 섬에서 자신의 역할을 만들어 지역 안으로 들어가는 데 성공한
것이다.

나는 도쿄 벤처 시절의 연고를 이용하기로 했다. 홈페이지 제
작을 도쿄에서 수주해 외화(섬에서는 본토에서 돈을 버는 걸 '외화
획득'이라 한다)를 벌어들였다. 그걸로 어떻게든 당면한 자금을 회
전시키는 동안, 아베는 사무실을 알아보고 총무나 경리가 해야 하

는 서류 작업을 하며 회사 체제를 정비해 나갔다.

그렇게 서로가 자신의 일에 최선을 다하는 사이, 우리의 평행
선은 점차 부드럽게 서로 교차하기 시작했다.

창업 3개월 무렵, 다카노는 일하던 마을에 대한 감사의 마음
을 담아 이벤트를 기획했다. '음식 문화제'였다. 각 집에서 그 지역
의 일반적인 가정요리 하나씩을 들고 오게 한 행사였다. 음식을 통
해 지역 자원의 매력을 재발견하고자 한 것이다. 다카노는 수산물
가공 현장에서 일하며 지역민들에게 여러 가지를 배울 수 있었다.
풍요로운 식문화와 생활의 지혜 등, 수많은 보물이 지역에 있다는
걸 알게 됐다고 한다.

나중에 돌아보니 음식 문화제는 '섬 학교' 만들기를 콘셉트로
하는 메구리노와에 딱 맞는 행사였다. 그러나 그 무렵은 각자 스
타일대로 진행하는 일의 상황을 지켜보던 시기였던지라 거의 다카
노 혼자 이벤트 준비를 할 수밖에 없었다. 다카노는 신세 졌던 마
을 한 집 한 집을 차례로 돌았고 인사와 함께 마을 분들을 이벤트
에 초대했다.

그 결과 무려 70명 넘는 섬사람들이 모여 들었다. 별로 많지
않은 숫자라 느낄 수도 있겠지만, 인구가 2300명 정도 되는 섬에
서 70명이라면 꽤 많은 숫자라 할 수 있다. 30명 당 한 명 꼴로 참
석한 것이니 말이다. 도쿄 미나토 구港区에서 30명 당 한 명 꼴이라
면 상당한 숫자일 것이다.

하지만 참석 인원수보다 멋졌던 건 따로 있었다. "맞아. 우리
섬에 이런 요리가 있었지. 나중에 그 요리 맛내는 법 좀 알려줘."
각 집의 맛을 통해 교류가 생겨나는 풍경이 무엇보다 멋졌다.

이벤트 마지막 인사는 다카노 담당이었다. 그는 너무 기뻐 감동한 나머지 말문이 막혀 버벅거리고 말았다. "힘 내!" 그런 다카노에게 아주머니들은 성원의 함성을 보내주었고 행사는 따뜻한 분위기 속에서 끝날 수 있었다.

즐거워하는 아주머니들 뒤에 서 있던 나는 큰 감명을 받았다. 그때까지 사업 면에서의 이익을 중점에 두고 있던 나로서는 사업으로 회사를 성공시키겠다는 생각만 하고 있었다. 시골의 따뜻함과 평온함이 지니고 있는 힘에 둔감했던 거다.

창업 후 겨우 3개월이라는 시간에 그렇게 멋진 행사를 할 수 있었던 건, 한 집 한 집 찾아다닌 다카노의 힘이었다. 어르신들 한명 한 명의 얼굴과 이름, 심지어 주소까지 기억한 다카노였기에 가능한 일이었다.

물론 이익 창출도 중요하다. 그러나 이익만을 창출하는 건 도시에서도 할 수 있다. 그 행사를 통해 섬이기에 할 수 있는 일이 무엇일지 좀 더 깊이 고민해야겠다고 마음을 고쳐먹게 됐다.

이렇게 우리는 일을 통해 서로의 다름을 조금씩 인정하기 시작했고, 섬사람들과도 조금씩 가까워지고 있었다.

돈벌이하며 배우는 회사 노부오카

다카노가 섬 아주머니들과 만들어 낸 음식 문화제를 통해 깨달은 게 하나 있다. '이 섬에 대해 배우면서 경제 이익을 창출한다.' 이것이 우리 회사와 가장 어울리는 방식이라고 말이다. 우리는 섬이 주는 가르침을 알리는 '섬 학교'를 만들기로 했다. 그를 위해서는 우리 스스로가 배움과 경제 이익 양쪽 모두의 실천가가 되어야 한다는 걸 깨달은 것이다.

셋 사이에 싹튼 그런 공통 이해를 기반으로 멤버 사이도 조금씩 좋아졌고 사업 내용을 보다 자신 있게 말할 수 있게 됐다. 주식회사다워지기 시작한 것이다.

창업 4개월째가 되던 2008년 4월, 관공서에서 우리에게 일을 맡겨주었다. 아마의 교육위원회가 실시하는 '아마 왜건'이라는 이름의 프로그램이었다. 아마 왜건이란 도시와 농촌의 교류를 목적으로 한 4박 5일 일정의 섬 체험 프로그램이다. 아마의 식문화, 역사, 체험 교육을 제공하는 일종의 투어라 할 수 있다. 이제 와서 돌아보니 아마 왜건은 우리가 하는 도농 교류 사업의 기초가 되어 준 프로그램이었다.

원래 아마 왜건이란 히토쓰바시대학에서 지역산업 개발론을 가르치는 세키 미쓰히로關満博 교수와 그의 제자 오노 히로아키尾野寬明 씨가 아마초의 '인간력 추진 프로젝트'와 협동으로 기획한 교류 사업이었다. 도시에서 너무 멀어 아마까지 갈 엄두를 내지 못하는 도시 사람을 도쿄발 아마행 대형버스에 모아 데려오자는 취지의 기획이었다.

아마 교육위원회가 우리에게 프로그램 운영을 위탁한 건 여러 조건이 겹쳤기 때문이었다. 섬 바깥의 힘을 빌려 시작한 프로젝트기도 했고, 프로젝트를 지속시키기 위해 내부의 힘이 필요해진 시기에 접어든 까닭도 있었던 데다가, 메구리노와를 응원하고자 한 교육위원회의 생각도 더해져 이뤄진 일이었다. 한마디로 타이밍이 잘 맞았던 거다. 할 일이 별로 없었던 우리였기에 곧바로 "하겠습니다!"라고 대답했다.

아마 왜건은 우리에게 대단한 행운이었다. 물론 이익을 낼 수 있는 사업이라는 측면도 있었다. 그러나 중요한 건 따로 있었다. '섬 학교'의 기본은 섬을 체험하고 맛볼 수 있게 하는 체험 프로그램을 제안하는 것이다. 그러기 위해서는 섬에 대해 배우고 그것을 꺼내놓을 기회가 정기적으로 필요하다. 아마 왜건 프로그램 운영은 그런 면에서 우리에게 절호의 기회였다.

섬의 공무원들, 주민들, 우리보다 먼저 귀촌한 사람들과 함께 프로젝트에 대해 협의하는 동안 섬에 대해 많은 걸 배울 수 있었다. 아마 왜건을 진행하면서 섬 밖의 참가자와 함께 섬에서 보내는 시간을 충실히 즐길 수 있었다. 섬에 대해 배우는 일과 이익 창출을 동시에 진행할 수 있는 프로그램이었던 거다.

6장에서 자세히 설명하겠지만, 섬 학교의 한 형태인 '오감 학원'은 섬에 사는 어부나 농부를 강사로 초빙한 기업 연수 프로그램이다. 일본 대형 유통 회사인 '이온 그룹'과 주류 제조 유통 회사 '산토리' 노동조합의 기업 연수를 섬에서 실시했다. 그것을 할 수 있었던 것도 아마 왜건 덕분이었다. 섬 바깥과 섬 안 사람들 간의 작은 관계성 만들기에서 비롯된 선물이라 할 수 있기 때문이다.

그렇게 우리는 배움과 이익 창출을 병행하며 메구리노와의 섬 학교를 조금씩 만들어 가고 있었다.

생선 파는 웹 디자이너 노부오카

창업 3개월 차, 메구리노와는 아마초 특산물을 인터넷으로 판매하는 '아마 인터넷 백화점' 사이트를 운영하게 되었다. 아마를 좋아하는 사람들에게는 '아마 특산물 아마존'이라 불리고 싶다.

첫 시작은 관공서 모 과장님에게 비롯됐다. '섬 전체 차원의 백화점 구상'을 우리 쪽에 가져왔는데, 아마초라는 섬 자체를 백화점 개념으로 이해하고 특산물 판매를 통해 외화를 획득한다는 아이디어였다. 그 아이디어를 인터넷상에서 실현해 줄 수 없겠냐고 했다.

그야 뭐, 눈을 반짝이며 하겠다고 했다. 내 생업이 홈페이지 제작인데다가 아마에서 처음으로 수주 받은 웹 디자인 일이었으니 말이다.

'이번은 내가 나설 차례다!'라는 마음으로 홈페이지를 만들었다. 제작은 순조롭게 진행됐다.

홈페이지 제작 업계에서 보자면, 회사가 홈페이지 제작과 그 운영을 동시에 하는 경우를 제외하고 기본적으로는 제작과 운영을 분업하는 시스템이다. 즉 웹 사이트를 제작하는 곳은 홈페이지만 만들면 그걸로 끝, 보수를 받게 된다. 이번 건도 당연히 그럴 줄 알았다. 그런데 어느 정도 사이트 틀을 만들어 놓고 어떤 제품을 사이트에 올릴 건지 상의하러 갔다가 과장님께 이런 이야기를 들었다.

"그게 무슨 소리야? 홈페이지만 있어서는 아무 소용없잖아. 실제로 물건이 움직이지 않으면 외화 획득을 할 수 없어. 자네들이 거기까지 해 줘야 해. 안 그러면 돈벌이가 안 된다고."

즉 홈페이지 만들기로 끝나는 게 아니라 운영까지 전제된 일이라는 말이었다. 솔직히 당황스러웠다.

말하자면 이런 거다. 목수가 '가게를 만들어 달라'는 의뢰를 받았다고 치자. 그럼 당연히 목수는 가게 건물을 만드는 것이라고 생각하고 일을 했을 거다. 그런데 뚜껑을 열고 보니 '가게를 만든다'는 데 가게 경영도 포함되어 있었던 거다.

'섬의 방식이란 대단하구나.' 순간 눈이 똥그래졌지만 잘 생각해 보니 섬은 기본적으로 사람 손이 부족한 곳이었다. 도매를 포함해 사이트를 운영해 나갈 수 있는 사람을 찾자면 그 폭이 더 좁아지고 만다.

도시에서는 분업이 당연한 일이다. 그러니 회사는 자신의 전문 분야를 특화하면 된다. 그러나 시골에서는 부분이 아닌 전부를 할 수 있어야 한다. 부분이 아닌 전부를 해 나갈 수 있어야만 새로운 것을 만들어 낼 수 있다.

새총 맞은 비둘기처럼 깜짝 놀란 얼굴로 회사로 돌아가서는 짐짓 심각한 얼굴로 아베와 다카노를 불러 모아 이야기를 시작했다.

"자, 우리 함께 고민해 보자."

시간과 수고를 들여야 하는 일인데다가 우리 중 누구도 도매 판매 경험이 없었다. 그러나 가장 큰 문제는 이제 막 시작한 회사, 과연 셋이라는 적은 노동력으로 할 수 있을까 하는 점이었다. 아무리 계산해도 적자 경영이 될 수밖에 없는 일이었기 때문이다.

돈벌이 면에서 보자면 마이너스 요소가 많은 일이었지만 일로서는 긍정적인 부분도 있었다. 섬에서의 웹 제작 실무를 경험해 볼 수 있다는 점이 매력으로 다가왔고 웹 사이트 운영을 통해 인터넷상에서 수익을 획득하는 접점도 만들 수 있으리라 봤다. 게다가 물건이 팔리면 섬 생산자들과 함께 기뻐할 수 있다는 점, 그들과 같은 목표를 공유할 수 있다는 점도 긍정 요인이었다.

"미래를 향한 투자라고 생각하고 해 보자."

그렇게 셋 모두 동의했지만 다들 각자의 일로 정신없는 상황이었던지라 사이트 운영은 기본적으로 내가 전부 맡아 하기로 했다. 홈페이지 제작만 하면 끝인 줄 알았던 나는 그렇게 아마 특산물 백화점 판매 책임자가 되고 말았다.

서둘러 아마 특산물 생산자들에게 인사하러 뛰어다녔다.

"메구리노와라는 회사를 경영하는 노부오카라고 합니다. 실은 제가 최근에 아마 인터넷 백화점이란 사이트를 만들었어요. 거기 점장 일도 맡아 하고 있습니다. 사이트에서 상품을 팔아보실 생각 없으세요?"

이렇게 힘차게 설명하면 "메구리노와가 뭐 하는 데야? 인터넷 같은 데서 쌀이 팔려?" 뭐 이런 반응이었다. 무리도 아니었다.

메구리노와는 아무튼 열심히 하는 회사라는 점, 인터넷을 이용하면 섬 바깥 사람들에게 아마의 특산물을 널리 알릴 수 있다는 점, 섬 특산물의 매력을 어필해 유효한 외화를 획득할 수 있다는 점을 설명했다. 그리고 회사의 특성상 재고를 떠안고 있을 수 없다는 점도 말하며 그것을 포함해 협조 부탁드린다는 말로 거래처가 되어 줄 생산자들과 관계를 만들어 가기 시작했다.

각오하고 시작한 일이긴 했지만 정말 힘들었다. 예를 들어 사이트에 납품하기로 한 생산자에게 재고가 어느 정도 있느냐고 물어보면 "음…… 100개 이상 있을 걸"이라는 식이있다. 꽤나 대범한 관리체계였다. 그런 관리체계에 있는 물품을 인터넷으로 판매한다는 게 꽤나 골치 아픈 일이었다.

힘들긴 했지만 새로 알게 된 것도 많았다. 아마는 인구 2300명의 작은 섬이지만 맛있는 '오리 쌀'(농약 대신 오리를 논에 풀어 키운 저농약·저비료 자연농법 쌀), 철 따라 나는 해산물, '후쿠기

차ふく茶'라는 이름의 섬 특산 허브차 등, 다양한 특산물이 잔뜩 있는 곳이었다.

홈페이지를 만들고 얼마 지나지 않아 조금씩 주문이 들어오기 시작했고, 주문이 들어오면 이른바 가내수공업 스타일로 생산자들에게 물건을 사서 출시시켰다.

가끔은 생산자들에게 혼날 때도 있었고 섬의 택배를 담당하고 있는 야마토 운송 회사에게 싫은 소리를 들을 때도 있었다. 그러나 시간이 지나면서 "힘내라"는 격려의 소리도 조금씩 듣게 됐다. 사이트 이용객들에게 '고맙다'는 가슴 따뜻한 메시지를 받기도 했다. 그러기를 몇 개월, 드디어 아마 인터넷 백화점이 궤도에 오르게 됐다.

물론 궤도에 올랐다고는 해도 시스템 유지 비용이 들기 때문에 매월 적자였다. 그러나 현재 하고 있는 메구리노와의 다양한 사업은 아마 인터넷 백화점으로 만든 생산자들과의 연계가 없었다면 할 수 없었을 거다. 들인 시간과 비용만큼 배움과 만남이 충만한 경험이었다.

사이트를 시작하고 어언 4년. 단골 손님도 생겼고 특히 연간 계약으로 진행하는 오리 쌀 판매가 좋은 반응을 얻고 있다.

요즘 아베는 어업권을 획득해 자기가 잡은 것들을 사이트에서 판매하고 있다. "아, 소라 주문이 또 들어왔어. 어쩔 수 없지 뭐." 그런 소리를 하며 근무시간에 바다로 잠수하러 갈 구실을 대고 있다.

4년이 지났지만 아마 인터넷 백화점은 해결해야 할 게 더 많다. 상품이 품절될 때도 있고 겨울에는 배편의 결항 문제도 있기 때문에 바다가 거칠어지기 전날 발송해도 될지 전화를 돌려야 한다. 작은 섬 안의 작은 회사가 운영하는 사이트인지라 할 수 있는 것보다 할 수 없는 게 더 많다. 그 대신 우리는 늘 생각한다. 구매자가 우리를 '섬에 사는 친척'이라 여길 수 있는 그런 관계를 만들자고. 그래서 구매자들에게 편지를 쓰기도 하고 철마다 나는 섬의 맛있는 먹을거리를 덤으로 조금씩 넣어 주기도 한다.

서로의 마음을 나눌 수 있는 사이트가 되는 것. 지금도 변함없는 아마 인터넷 백화점의 목표다.

도쿄와 공유하는 섬의 시간 노부오카

섬에서 두 번째 봄을 맞이했을 무렵, 국가에서 실시하는 고용 대책 보조사업이 있다는 걸 알게 됐다. '지역의 고용 기회를 넓히자'는 정책의 일환으로 기획을 제안해 채택되면 국가 보조금으로 사업을 할 수 있다는 내용이었다. 메구리노와를 만든 지 1년 3개월 정도 지났을 무렵이었다.

그 무렵 도시에서는 리먼 쇼크의 영향으로 구조조정 바람이 불기 시작했고 '신입사원 합격 취소' 사태가 잇따르고 있었다. 아마초와 메구리노와로서는 고용을 창출할 절호의 기회였다. 아마초라는 섬을 알려 젊고 활력 넘치는 사람들이 아마초를 찾게 만들 기회였던 것이다. "어떻게 해서든 사업으로 만들어 내자!" 의지를 불태우며 기획서 만들기에 몰두했다.

그렇게 만들어진 기획이 '도시에 섬 시간을 만드는 이벤트'였다. 도시에서 섬을 즐길 수 있게 한 기획이었다.

사무실이나 섬에 행사가 있으면 가끔 도쿄 친구들에게 스카이프로 중계하고는 했다. 그리고 언제부턴가 '같은 음식을 통해 도쿄에서 섬을 즐길 수 있는 시간을 만들어 보면 어떨까'라는 생각에 아마의 식재료를 도쿄로 보내기도 했다. 그렇게 해서 우리는 600 킬로미터 떨어진 장소에 있으면서도 친구들과 함께 같은 음식을 먹으며 같은 주제로 이야기를 나눌 수 있었다. 어쩌다 보니 우리끼리는 그걸 '아마 카페'라고 부르고 있었다.

이 아마 카페를 오프라인에서 개최하는 것이 우리의 기획이었다. 아마의 식재료뿐만 아니라 사람이나 문화까지 도입한다면 대규모 행사로 만들 수 있지 않을까 싶었다.

개최 장소를 도쿄라 상정하고 어느 정도 규모가 될지 계산해 봤다. 하고자 하는 내용을 전부 소화하기 위해서는 세 명 정도의 추가 고용이 예상됐고, 이벤트 개최 장소를 포함한 경비를 전부 더해 보니 세상에나 천만 엔 넘는 예산이 필요했다.

"엄청난 금액이네."

조용한 사무실에서 서로 얼굴만 바라보고 있었다. 시작한 지 얼마 되지 않은 메구리노와로서는 말 그대로 창업 이후 최대 규모 사업이었다. 게다가 나라에서 받는 보조금을 쓴다는 건 세금을 쓴다는 말이다. 우리 자금을 써서 하는 사업이 아니었기에 실패란 있을 수 없었다. 지역에 새로운 고용을 창출한다는 이 사업 목적은 우리가 해내야 할 섬 학교 만들기와 겹치는 부분이기도 했다. 그 도전을 가능케 할 기회를 이렇게나 빨리 잡을 수 있다니, '반드시 성공시키겠다'며 단결의 마음을 굳건히 다잡았다.

우리가 그 기획에서 무엇보다 중요하게 생각했던 건 '보조금을 낭비하지 않는 모델을 어떻게 하면 만들 수 있을까?'라는 것이었다. 지역 고용 창출은 장기적인 과제다. 때문에 일회성 행사만으로는 그리 큰 효과를 기대할 수 없다. 그렇다고 행사를 지속시키기 위해 국가 보조금에 계속 기댄다는 건 사업 측면에서도 바람직하지 않다. 지역이 보조금에 의존해 버리면 그것 없이 생존하기 어려워지기 때문이다. 본래 보조금이란 사업을 보다 고도화하기 위한, 말 그대로 '보조'를 위한 자금이다. 그런데 거기에 의존해 버린다면 보조금이 가진 의미가 완전히 사라지고 만다.

보조금이 나오는 동안은 가장 이상적인 형태의 큰 규모로 전개하다가 보조금이 나오지 않으면 규모를 축소시켜 자주적으로 운영할 수 있는 모델을 만들 필요가 있다. 그래야만 장기적인 목표인 지역의 새로운 고용 창출에 공헌할 수 있으며 국가 보조금을 낭비하지 않는다. 메구리노와는 모든 보조금 사업을 철저히 이런 생각으로 진행한다. 보조금이 있어서 사업을 하는 게 아니라, 보조금이 있기에 큰 규모의 사업을 시험해 볼 수 있다는 마인드다. 그리고 그 후에는 스스로 유지시킬 수 있는 형태로 지역에 확실히 남겨야 한다.

그런 생각을 염두에 두고 몇 주에 걸쳐 수많은 미팅을 거듭했고 기획을 가다듬었다. 무사히 기획이 채택되어 행사 실현이 결정되자 뛸 듯이 기뻤다.

국가 보조금을 써서 구체적으로 한 일은 이랬다. 일단 도쿄의 행사 공간을 하루 빌렸다. 그리고 거기에 아마의 섬 시간을 통째로 옮겨 놓은 '아마 카페 올스타즈'를 만들었다. 요리는 (후에 오감 학원이라는 행사에 등장하게 될) 하타 미치코波多美知子 씨가 맡아주었는데, 생선이나 쌀 등 섬에서 나는 여러 특산물로 조리한 아마 전통 요리를 준비했다. 아마로 가지 않으면 절대 만날 수 없는 어부, 농부와 이야기를 나누는 기회도 만들었다. 어부들에게는 생선 손

질법을 배울 수 있었고, 지역 활성의 최전선에서 활약하는 행정의 모습을 야마우치 정장에게 듣는 자리도 마련했다. 이벤트 마지막에는 아마의 대표 민요인 '긴냐모냐 오도리キンニャモニャ踊り'를 부르며 다 함께 춤추기도 했다.

그야말로 '아마 백과사전'이라 부를 만한 행사였다. 섬이 총출동해서 만들어 낸 축제였다. 참가한 섬사람들도 다들 열심이었다. 함께 고뇌하며 함께 즐긴 이벤트였다. 같은 팀이라는 일체감을 맛볼 수 있었고, 메구리노와의 행보에 있어서도 중요한 행사가 되었다.

아마에 가 본 적 있는 사람에게는 그 여행에 동행한 사람들, 아마에서 만났던 사람들과의 추억을 나누는 동창회 같은 공간이 되었고, 아마에 흥미를 지니고 있는 사람에게는 아마를 방문할 계기를 만드는 공간이 되어 주었다. 그리고 이 행사가 나중에 실제 성과로 나타나기도 했다. 아마 카페 올스타즈에 참가했던 사람이 체험 투어인 아마 왜건을 통해 아마를 다시 방문한 경우도 있었고 아마 카페 올스타즈의 인연을 계기로 귀촌하게 된 경우도 있었으니 말이다.

아마 왜건과 함께 아마 카페도 정기 행사가 되었다. 아마 왜건을 연 4~5회 개최하고 그 사이사이마다 아마 카페를 소규모로 개최하면서 아마 왜건을 통해 인연을 맺은 참가자들과 섬사람들이 도쿄에서 만날 정도의 친분을 쌓게 됐다. 시간 여유가 있을 때는 아마로 가고 시간 여유가 없을 때는 도쿄에서 '섬의 시간'을 맛볼 수 있게 된 거다. 정기 행사를 통해 시간과 거리의 제약에서 벗어나 아마를 즐길 수 있는 장場을 만드는 데 성공할 수 있었다.

아마 왜건이라는 명칭으로 실시되던 도농 교류 사업은 2011 년을 끝으로 사라졌다. 그러나 섬 밖 사람들을 정기적으로 섬에 초 대하고, 섬 안의 우리가 정기적으로 섬 밖 사람을 만나러 가는 일 은 계속하고 있다. 그런 순환을 통해 지금껏 외딴섬이 지녔던 이미 지와는 전혀 다른, '멀지만 가까운 섬'이라는 이미지를 구축할 수 있었다. 그렇게 우리는 섬의 정기 행사를 통해 아마의 팬이 되어준 사람들과 강한 유대감을 맺을 수 있었다.

섬사람 이야기 2

오에 가즈히코 大江和彦

1959년 아마 출생. 1985년 아마초 공무원이 되면서 고향으로 되돌아왔다. 2004년 새롭게 설치된 지산지상과地産地商課 과장으로 근무했고 2007년부터는 아마초 산업창출과 과장직을 맡고 있다.

아마초 관공서의 산업창출과는 새로운 산업과 고용 창출을 위해 애쓰는 부서다. 시골의 고용을 창출한다는 면에서 메구리노와와 같은 목표를 공유하고 있는 곳이다. 산업창출과 과장 오에 가즈히코 씨는 메구리노와가 창업하고 처음으로 같이 일을 했던 분이다. 당시를 돌이켜 보며 앞으로 메구리노와에 어떤 것을 기대하고 있는지 물어봤다.

같이 일하고 싶은 회사

'도요타를 그만두고 아마에 오다니, 의외인데?'

아베 군에 대한 첫 느낌은 그랬습니다. 학력도 높은데 특이한 녀석이구나 싶었어요. 새로운 삶의 방식을 찾아 아마로 왔다는 동기를 듣고는 약간 걱정도 됐지만 이야기를 나누면서 점점 호감을 갖게 되더군요.

바다의 환경 보전을 위해서는 해초가 정말 중요합니다. 산업창출과가 메구리노와 사람들과 함께한 첫 일은 그런 사실을 알리기 위한 토론회 기획이었습니다. 연안해역에 생식하는 해초가 사멸하는 '바다 속 사막화' 현상이 오키 제도에서도 일어나고 있었거든요. 기후 변동에 따른 수온 변화 때문인데, 물고기가 산란할 때 꼭 필요한 존재가 해초입니다. 그러니 높은 어획량을 유지하기 위해서는 해초 자원 관리가 꼭 필요한 거죠. 토론회를 열어 해초 자원 관리가 얼마나 중요한지 널리 이해할 기회를 제공하고 싶었습니다. 어부는 물론, 행정 관료, 주민이 모인 대화의 장도 마련하고 싶었고요. 그 토론회를 함께 준비하면서 아베 군과 메구리노와의 힘을 여러 면에서 느낄 수 있었습니다.

　메구리노와는 말로만 그치지 않고 지역 측에 서서 몸을 던져 행동까지 하는 사람들입니다. 그래서 지역민들이 그들과 함께 행동하고자, 자연스레 마음이 동하는 거라고 생각해요. 실제로 섬의 농부, 어부 중 해초 토론회를 계기로 메구리노와와 관계를 맺은 사람들이 많아요. 그걸 계기로 행사 등에도 참가하게 되고 말이죠.

　이른바 섬 바깥에서 오는 컨설턴트 업체는 노하우도 풍부하고 어드바이스도 잘 해줍니다. 훌륭한 계획서를 만들어 주기도 하죠. 하지만 그 이후의 보조가 없어요. 외부인, 혹은 언젠가 이 섬을 떠날 사람이라는 전제가 있으면 아무래도 마지막 단계까지 그 관계가 이어지지 못하더군요.

　좋게 보면 지역 사회는 자립심과 자존심이 강한 곳이고, 반대로 보면 다소 폐쇄적인 사람들이 모인 사회입니다. 기본적으로 지역 사회 사람들이 추구하는 것은 운명공동체지요. 메구리노와가 그렇듯, 마지막까지 지역과 시선을 맞춰 행동하는 존재라면 섬사람들도 훨씬 쉽게 받아들이지 않을까, 그렇게 생각하고 있어요. 지역 사람과 같은 시선으로 같이 행동하는 건 물론, 메구리노와처럼 주어진 과제에 달라붙어 그것을 해결해 나가는 능력 또한 높은 것도 중요할 테지만 말이죠.

　산업창출과의 관점에서 보자면 지역 토착민과 외부 사람이 더불어 사는 게 좋습니다. 섬에 대해 알리고 경제의 톱니바퀴를 움직여 이익을 창출하는 데에는 토착민만으로는 무리가 따르거든요. 섬에 살다 보면 의외로 섬에 어떤 매력이 있는지 모르는 경우가 많아요. 아베 군처럼 바깥에서 들어온 사람은 뭔가 섬에서 매력을 발견했기 때문에 그런 결정을 내렸을 테니까요. 토착민으로서는 좀처럼 가지기 힘든 시선이죠.

아마의 매력을 발굴하는 목적의 '상품개발 연수생'이라는 제도가 있습니다. 2004년 산업창출과로 부임 받아 귀촌인을 상품개발 연수생으로 받아들이는 입장에 섰을 때, 슬로라이프, 슬로푸드, 지산지소地産地消의 농촌 생활을 찾아 섬을 찾는 사람이 앞으로 점점 늘어나겠구나 싶었습니다.

아마는 외딴섬이긴 하지만 담수가 풍부하고 평야도 넓습니다. 쌀농사를 지을 수 있는 곳이지요. 아마의 쌀 수확량은 이웃한 세 섬의 쌀 소비를 충당하고도 남아서 본토까지 출하되고 있어요. 이러한 섬의 조건상, 이주하는 사람은 쌀농사를 짓고 싶어 할 거라 생각했습니다. 그래서 귀농하면 쓸 수 있도록 아마의 논을 유지 관리하는 일도 하고 있어요. 농사를 그만두는 집이 있으면 찾아가 논을 빌려 놓는 거지요. 그 논의 관리인 역할을 하고 있는 셈입니다. 기계가 들어가지 못하는 작은 논은 관리하는 데 품이 들기 때문에 논 주인 입장에서는 곤란한 반면, 귀농인에게는 큰 논이 감당이 안되니 작은 논이 적당합니다. 그러니 논 빌리는 게 뭐가 어렵겠냐 싶겠지만 이주한지 얼마 안 된 사람이 논 빌리는 게 쉽지는 않거든요. 뭐 허세스럽게 이런 말 하고는 있지만 여름에 잡초 벨 땐 정말 힘들어요. 일도 바쁘고 해서 그만둘까 싶은 때도 있었지만 섬의 재산인 쌀농사는 대대로 이어져야 하니까요.

요즘은 관공서 젊은 직원들에게도 논을 빌려주고 있습니다. 물론 논농사는 힘든 일입니다. 그래도 햅쌀을 먹을 때의 감동에는 논농사의 괴로움을 잊게 만들 정도의 기쁨이 있거든요. 그 감동이

다음 해, 또 다음 해에도 이어지기를 바라고 있습니다.

메구리노와가 애쓰고 있는 섬 학교 만들기에서 가장 매력적인 부분은 섬에 사는 어르신들, 자신만의 생각을 가지고 있는 사람들이 강사로 등장한다는 점입니다. 사람 앞에서 이야기하는 경험, 듣는 사람이 감동하는 경험을 하면 지역에 대한 애착이 끓어오르거든요. 오감 학원 같은 이벤트로 섬을 찾은 타지 사람이 섬에 대해 배우는 것도 좋지만, 강사의 경험을 통해 지역민이 지역에 애착을 가질 기회를 갖게 되는 게 무엇보다 기쁩니다.

아마의 어르신들 중에는 정년을 맞아 여생을 자연과 함께 조용히 살아가는 분들이 많아요. 그런데 메구리노와는 그런 분들을 새로운 무대로 데려가 "이 섬에 태어나길 잘했다"라며 감동하게 만들어 주니까요. 애착을 갖고 살아갈 수 있는 기회를 제공하고 있는 거죠.

그런 기회를 만들어내고 있다는 게 메구리노와의 가장 중요한 기업 가치라고 생각합니다. 앞으로도 보다 큰 활동을 해주길 바라고 있어요.

3장

섬 문화와의
만남

72

섬의 시선으로 바라보기 노부오카

섬에서 일을 하게 되면서 '돈을 번다'는 것 혹은 '돈을 받는다'는 것에 대해 새롭게 생각하게 됐다. 섬에서는 돈을 준다는 행위 안에 그 사람이 '이 섬에 있어주길 바라는 마음'의 표현이 포함되어 있다는 걸 알게 됐다.

예를 들어 섬에서 장을 보고 있으면 할아버지들의 농담 섞인 말을 들을 때가 있다. "채소는 돈 주고 사는 게 아냐. 얻는 거지." 근데 그게 의외로 핵심을 찌르는 말이었다.

섬 경제의 기반은 여전히 물물교환이다. 모든 가치가 돈으로만 환산되는 게 아니라, 같은 가치의 물건으로 교환되기도 한다. 즉 쉽게 교환하기 힘든 경우에만 돈을 사용한다. 섬에서 살다 보니 오히려 그런 교환 감각이 정확한 가치의 교환이 아닐까, 그런 생각마저 하게 됐다.

물물교환은 사물로서의 가치의 교환이긴 하지만 사람에 대한 감정이나 마음도 함께 교환된다. 예를 들어 오징어가 많이 남아서 누군가에게 줘야겠다 싶을 때, 결국 내가 호의를 품고 있는 사람에게 주는 경우가 많은 것처럼 말이다.

신세를 지고 있는 사람에 대한 감사의 보답이기도 하고, 열심히 노동한 산물로 가치를 교환하는 것이기 때문에 거기에 감정과 마음이 덧붙여지는 것이 당연하다. 여기에 물물교환의 진정한 의미가 있다. 돈과 달리 물건에는 사람의 마음이 깃들기 더 쉬우니 말이다.

물물교환의 문화라는 면에서 살펴보면, '섬(지역)에 머물러주길 바라는 사람'이 되는 것이 섬(지역)에서 살아가는 데 중요한 요소라 할 수 있다. 물론 요즘 같은 시대, 그런 노력 없이도 섬에서 살아갈 수 있는 방법은 많다. 예를 들어 데이 트레이딩 같은 주식 투자로 돈을 버는 사람이라면 섬에 인터넷만 있으면 무엇이든 할 수 있다. 섬 밖에서 회사를 경영하고 살림집만 섬으로 옮겨오는 것도 하나의 방법이 될 것이다.

그러나 그래서는 집 안이나 직장 등으로 자기의 '거처'가 한정되고 만다. 일부러 섬에서 살길 선택한 것이니 살고 있는 주변에 자신의 거처가 많은 편이 즐겁지 않을까? 자신이 속할 수 있는 다양한 거처를 만들기 위해서는 상대방이 가지고 있는 문화나 일상의 문맥을 이해하고 스스로 변화할 수 있는 여백을 마음속에 지니는 것이 중요하리라 본다. 그런 것들이 하나하나 쌓이면서 '섬(지역)에 머물러 주길 바라는 사람'이 될 테니 말이다.

우리가 섬사람들로부터 조금씩 이해를 얻을 수 있었던 것도 그런 자세 때문이었다고 생각한다.

"그 녀석들은 정말로 섬에 뿌리박을 생각으로 회사를 운영하고 있어."

'섬에서 태어나 자란 오키 소(섬의 대표 소고기 브랜드)' 홈페이지 제작과 마을 공식 홈페이지 리뉴얼 등 마을의 공식 일을 우리에게 맡겨주셨던 것도 그런 마음이 전해졌기 때문이 아닐까.

아마에서 홈페이지 일을 하며 느낀 점이 몇 가지 있다. 일을 맡고 진행하는 방식이 도시와는 전혀 다르다는 점이다. 기본적인 일의 메커니즘이란 고객이 필요로 하는 것을 업체에 의뢰하고 업체는 그 해결책을 제시해 대가를 받는 것이다. 나 역시 처음에는 당연히 그렇게 인식하고 있었다. 그러나 아마에서는 달랐다. "저

녀석들 정말 열심히 하고 있어. 메구리노와의 특성을 발휘할 수 있는 일에는 뭐가 있을까?"라며 회사 경영에 도움 되는 부분을 섬사람들이 찾아주고 있었다. 나중에 알고 보니 많은 사람들이 우리를 지켜보고 있었던 거다.

게다가 일반적으로 도쿄에서 홈페이지 제작 의뢰를 받게 되면, 당연하게도 제작 업체는 지금까지의 제작 실적 등 업체를 어필하는 이야기부터 시작한다. 하지만 그래서는 섬에서 일을 진행하기 어렵다. '그런 식의 이야기부터 시작해선 안 되지.' 뭐 이런 분위기가 되고 만다. 왜일까?

아마초는 인구 2300명의 작은 섬이다. 주변 사람들이 서로 다 얼굴을 알고 지낸다. 즉 경제 활동이란 기본적으로 서로 알고 있는 사람들 사이에서 돌아간다는 것, 이게 섬의 상식이다.

반대로 웹 사이트란 인터넷을 통해 불특정 다수를 상대로 무언가를 판매하거나 정보를 전달하는 매체다. 인터넷을 통한 경제 활동은 '얼굴이 보이지 않는 사람과 사물이나 정보를 주고받는 게 당연하다'는 도시의 상식이 전제되어 있어야 움직이는 것이다.

이렇듯 시골과 도시는 경제에 대한 전제부터가 전혀 다르다. 도시형 생활에 익숙한 우리는 인터넷이란 생활이나 경제 활동을 편리하게 해주는 것으로 이해하지만 섬에서는 그저 이질적인 것으로밖에 인식되지 못한다. 그러니 웹 디자이너로서는 아무렇지도 않은 '홈페이지를 만들어 드리겠다'는 메시지가 어딘가 으스대는 말로밖에 들리지 않는 거다. 아무리 좋은 일을 해보고 싶어도 이 부분에서 커뮤니케이션이 망가지면 당연히 일 진행이 어려울 수밖에 없다.

또한 시골에서는 웹 사이트처럼 생소한 개념을 이해시키고자할 때 아무리 풀어서 설명해도 그게 잘 전달되지 않을 때가 많다. 그럴 때도 물물교환 발상이 활용될 수 있다. 단적으로 말해, 잘 모르는 영어를 들먹이는 것보다 밭농사로 빗대어 이야기하는 편이 훨씬 낫다는 얘기다.

먼저 섬사람들에게 밭농사에 대해 배운 다음 물물교환 방식으로 웹 사이트 이야기를 시작하는 게 좋다. 예를 들어 서버를 빌리는 것을 설명해야 한다면, 서버를 빌리는 것은 밭을 빌리는 것과 똑같다. 농작물을 유지 관리하기 위해서 지속적인 투자가 필요하듯 웹 사이트도 마찬가지다. 이런 식이어야만 비로소 서로의 이야기를 시작할 수 있다.

먼저 상대방에게서 배우고, 그 과정을 통해 이야기가 통하는 사람이라는 신뢰가 싹트면 상대방도 내 이야기에 귀를 기울여 준다. 그런 자세여야만 서로가 같은 곳을 바라볼 수 있다는 걸 섬에서 배웠다.

늘 자연과 함께하고 거기서 많은 것을 배우며 살아온 섬사람들은 인간이 살아가는 데 필요한 실질적인 것들을 훨씬 더 많이 알고 있다. 그러니 우리처럼 한 부분의 전문성만 특화한 사람이 뭐라뭐라 떠드는 말이 어딘가 가볍게 느껴지기도 할 것이다. 지역 사회란 그런 곳이기도 하다.

우리 같은 도시내기들은 테크놀로지에 지나치게 노출되어 있기 때문에 그것이 인간이 지닌 만능의 힘이라 착각하고 있다. 그러나 섬에서는 웹 사이트를 만들 줄 알아도 밭농사를 못 짓는다면 서로 말이 통하지 않는다. 섬에 받아들여지기 위해서는 섬의 시선으로 사물을 생각할 줄 알아야 한다는 거다.

창업 1년 차 때 무성한 잡초를 내버려 뒀다고 이웃에게 주의를 들은 적이 있다. 도시에서는 별 거 아닌 일로 끝낼 수 있지만 섬에서는 전혀 달랐다. 집 안의 잡초부터 웹 사이트 제작까지 전부 그 사람의 인성으로 바라보기 때문이다.

내가 살고 있는 곳을 남의 눈으로 보기에도 깨끗하도록 해 두는 것. 그것 자체로 이미 훌륭한 일이며 돈을 받고 하는 일과 전혀 다르지 않다는 것이 섬사람들의 생각이다. 이런 걸 이해하지 못한 채 에코니 웹이니 아무리 떠들어 봤자 아무 소용없을 것이다. 섬사람들 입장에서는 '타지 사람이 쓸 데 없는 소리 한다'고 생각하는 게 당연할 테니 말이다. 일단 선행되어야 할 것은 섬의 말과 문맥을 이해하는 일이다. 그러면 이런저런 것들이 원활하게 흘러가기 시작한다.

분명 아주 옛날 일본인들도 다 그랬을 것이다. 본토 사람들도 다들 아마초 사람들 같았을 거다. 시간과 이데올로기가 그걸 바꿔 놓은 것이다.

이 섬의 생활 방식은 섬사람 모두가 공유하고 있는 무형문화재다. 다들 그 생활 방식을 중요하게 생각하고 있다. 때문에 우리 같은 타지 사람들도 그 가치를 이해하고 소중히 대해야 한다. 그것이 섬 문화와 함께 가는 회사 경영이다. 섬에서 경제 활동을 하고 섬에서 살아간다고 하는, 진정한 의미에서의 회사 경영인 것이다.

우연의 즐거움 노부오카

도시는 우연이 적은 곳이다. 길을 걷다가 간판을 슬쩍 보기만 해도 그 가게가 뭐 하는 곳인지 알 수 있다. 그게 당연한 일이다. 교통수단을 선택해 이동해야 할 때도 인터넷만 보면 분 단위로 코스를 검색할 수 있지 않은가.

그러나 섬은 그렇지 않다. 악천후로 바다가 거칠어져 배편이 결항되면 출장을 포기해야 한다. 온갖 상품이 한 자리에 모인 쇼핑몰도 없다.

예를 들어 복사용지를 사러 서점에 간다고 해 보자. 도시에서는 어쩐지 서점에서도 문구 용품을 팔 것 같지만, 길 가던 섬사람에게 물어보면 이런 대답이 돌아온다.

"아, 그거 닛타 약국에 가면 있어."

휴대전화를 살까 해서 가전제품 판매점에 가보면 "그거 사려면 다나카 서점에 가야 해" 이런 이야기를 듣게 된다. 이건 뭐, 섬에 사는 사람 말고는 절대로 알 수 없는 판매 시스템이다.

근데 이게 참 재밌다. 섬에서는 어디서 무엇을 판매한다는 것이 섬사람들 간의 사정, 관습, 즉 '섬 문화'를 통해 결정된다. 그 문맥을 공유하게 되면 덩달아 기분이 좋아진다. 내가 섬의 일원이 됐다는 생각 때문이다.

중고차를 살 때도 마찬가지다. "누구누구네 차량검사가 이번에 만기되는데 어쩌면 차를 팔지도 모른다." 이렇듯 섬 안에서 중고차가 매물로 나올 수 있는 상황을 전해 들으면 차 주인을 찾아가 직접 흥정하는 식이다. 집을 빌릴 때도 마찬가지다. 마을에서 경영하는 주택이라면 관공서가 수배해 주지만, 그렇지 않은 경우에는 빈방이 나올 수도 있다는 정보를 전해 듣고 집 주인과 직접 교섭한다. 그러니 섬에서는 우연을 기다리는 게 기본이다.

우리의 첫 사무실도 그랬다. "창업하려고 하는데 돈이 전혀 없다"는 터무니없는 상담을 들어준 사람들 덕분에 엄청 싼 임대료로 빌릴 수 있었다.

사무실 집기도 마찬가지였다. "저기에 별의별 거 많아요. 그거 써도 돼요." 교육위원회 직원의 배려 덕분에 컴퓨터 이외의 사무실 집기 대부분을 교육위원회에서 얻을 수 있었다. 덤으로 사무실로 옮기는 것까지 도와주었다. 팩스는 없어서 브라더에서 나온 3만 엔짜리 팩스를 지갑을 노려보면서 샀던 게 아직도 기억난다.

불편하다면 불편할 수도 있다. 하지만 기계적으로 내 희망 조건을 입력하면 금세 조건에 맞는 장소가 검색되는 도시의 편리함보다, 사무실이나 사무용품 같은 데서도 우리를 지켜봐 주는 사람들의 따뜻한 마음이 느껴지는 지금이 나는 더 좋다.

이런 우연을 즐기며 사람과의 인연에 감사할 수 있다는 것. 이게 바로 섬 생활, 섬 창업의 참맛이 아닐까? 적어도 우리는 그렇게 생각한다. 이 사랑스러운 불편함이 우리의 자랑이라고.

함께 걷는 길 아베

지역에 이주해 살다 보니 지역 바깥 쪽, 즉 도쿄 같은 곳에서 지역을 바라볼 때 이분법적인 개념으로 바라보는구나 하는 생각을 하게 된다. 예를 들어 노인과 젊은이, 도시와 시골, 생산자와 소비자처럼, 서로의 입장에 선을 긋고 바라보기 쉽다. 확실히 알기 쉬운 방식이긴 하다. 그러나 결과적으로는 그런 방식이 서로를 더욱 알 수 없게 만들지 않나 싶다. 그러니 '시골은 느긋한 곳이고 시골 사람은 다들 친절하다'는 오해도 생겨나는 것일 게다.

  지역에서 정말 중요한 것은 서로의 거리를 줄여 다름을 즐기는 것이다. 섬 학교 만들기의 근본 목표 역시 서로를 이해할 수 있는 계기를 만드는 것이다. 그래서 메구리노와는 상호 이해의 계기를 만들기 위해 다양한 방법으로 메시지를 전달하고 있다.

  그 예로 메구리노와가 진행하고 있는 '일본 고유의 풍경을 미래로 이어가기 위한 논 투어(이하 '논 투어')'를 들 수 있다. 논 투어는 모심기나 벼 베기, 벤 벼를 한 달 정도 햇볕에 말릴 때 필요한 나락 건조대 만들기 등, 생산자와 농작업을 함께 하며 쌀농사의 즐거움을 만끽하는 관광 프로그램이다. 언뜻 보면 일반 농작업 체험 관광처럼 보이기도 하지만 기본적으로는 생산자와 소비자 간에 상호 이해의 장을 만들기 위한 행사이기도 하다. 섬의 농부들 입장에서도 성과가 큰 행사다. 섬 밖 소비자들과 작업을 함께 하며 새로 알게 되는 것이 많았다고 한다.

  예를 들어 농부들끼리 모여 농사일을 고민하다 보면 이런 결론이 나는 경우가 종종 있다.

  '소비자는 싼 것만 원한다. 일부러 비싼 배송료까지 들여 섬에서 농사지은 쌀을 살 사람은 없다. 그러니 우리로서는 돈이 드는 자연농법은 무리다.'

  그러나 실제로 논 투어를 통해 소비자와 만나다 보면 이야기가 달라진다. '최근 소비자들은 싼 것만 추구하지 않는다' '소비자 중에는 실제로 농사짓는 사람과의 신뢰관계를 기반으로 쌀을 구입하고자 하고 제대로 된 것을 먹고 싶어 하는 사람도 있다' '조금 비싸더라도 안전한 쌀을 먹고 싶어 한다' 같은 의견이 많이 나온다.

  아마의 오리 쌀은 농약을 사용하는 대신 오리를 논에 풀어 해

충을 구제하는 방식의 자연농법 쌀이다. 가격이 약간 비싸긴 하지만 음식의 안전을 추구하는 소비자층이 결코 적지만은 않다. 물론 아마까지 농작업을 체험하러 오는 것이니 음식에 대한 인식이 꽤 나 높은 사람이 논 투어에 모인다는 것도 사실이다. 그러나 한 해에도 여러 차례 실시하는 논 투어에 늘 인원이 모집되고 무사히 개최된다는 것만 봐도 확실히 그런 소비자층이 일정 부분 존재한다는 걸 알 수 있다.

이처럼 얼굴을 마주 보는 관계가 되면 이분법 개념이 아닌, 함께 걸어 나갈 길을 찾는 관계가 된다. 상호 이해를 통해 서로의 전제를 이해하면 서로에게 보다 유익한 존재가 된다. 그런 배움을 우리는 섬 학교를 통해 만들어 가고 싶다.

신이 가까운 섬 아마

지역에 살다 보면 신과의 접점이 늘어난다. 아마초도 예외는 아니다. 일상에서 신과의 거리가 가까워진다는 느낌을 받을 때가 많다. 바꿔 말하자면 자연이나 선조와의 접점이 늘어난다고 할 수 있다.

도쿄 같은 도시에 살다 보면 신, 즉 신적인 일이나 일상에서 신성과 만나는 일은 정월이나 백중百中 정도가 전부일 것이다. 그러나 지역에 살다 보면 실로 다채로운 축제, 행사를 통해 신과의 접점을 경험하게 된다.

예를 들어 백중에는 섬사람 모두가 지켜보는 가운데, 짚으로 만든 작은 배 샤라부네精霊船에 불을 놓아 선조의 영을 바다로 띄워 보낸다. 매년 그 광경을 볼 때마다 '곧 여름도 끝나겠구나'라는 생각이 든다.

각 지구의 신사마다 몇 년에 한 번씩 거행하는 축제에서는 마을 사람들이 신여神輿를 메고 신악에 맞춰 춤추며 거리를 행진한다. 새끼줄로 결계를 치면 평소에 걷던 길이 신이 걷는 길로 바뀌는 거다. 1월 10일에는 풍어를 기원하는 '도오카 에비스+日戎'라는 축제가 있고 다른 지방까지도 널리 알려진 '호란엔야ホーランエンヤ(12년마다 한 번씩 개최하는 풍년과 안녕을 비는 축제: 옮긴이)'나 '단지리だんじり(풍어를 기원하는 축제: 옮긴이)' 같은 축제도 열린다.

축제뿐만 아니라 일상 속에서도 신을 느낄 수 있는 경우는 많다. 관공서 모 과장님을 예로 들면, 마을에 곤란한 일이 생기면 "고토바仆後島羽 천황께 빌러 가야겠다"며 오키 신사를 찾아 기도한다. 아마초는 이런 풍경의 수만큼 신과의 접점을 가진 곳이며 이러한 세시 풍속과 함께 사회를 이루고 있다.

이렇듯 아마초에 신과의 접점이 많은 까닭은 자연의 거대한 힘을 느끼게 되는 기회가 많기 때문이다. 사방이 바다로 둘러싸인 아마. 날씨가 거칠어지면 배가 결항되고, 섬 밖에서 물건과 사람이 들어오지 못한다. 반대로 섬 밖으로도 나가지 못한다. 일 때문에 출장이 잡혀도 취소할 수밖에 없다. 또한 시찰을 위해 아마를 찾은 사람도 날이 굳어지면 며칠 더 묵을 수밖에 다른 방법이 없다. 거친 바다를 멍하니 바라볼 수밖에 없는 거다. 이렇듯 섬에는 인간의 힘으로 어쩔 수 없는 일들이 일상에 비일비재하다.

때로 자연의 힘은 인간의 생명을 좌우하기도 한다. 아마로 이주한 후 선박 면허를 딴 나는 어부들과 유대 관계를 유지하면서 배를 구입하게 됐다. 어업권을 손에 넣어 생선을 잡을 수 있게 된 것이다. 그렇게 혼자 생선을 잡으러 나선 어느 날 바다의 무서움을 온몸으로 절감한 적이 있다. 바다는 때로 급격히 거칠어지기도 하기 때문이다.

그날 제법 먼 바다까지 나간 나는 바다에 잠수해 소라와 전복을 따고 있었다. 수확량이 많아 신도 났다. 그러나 방금 전까지 쾌청했던 하늘에 구름의 움직임이 수상해지기 시작했다. 그리곤 곧바로 코앞도 보이지 않을 만큼 폭우가 쏟아지기 시작했다. 꽤 먼 무인도까지 배를 타고 왔기 때문에 이대로 비가 더 심해지면 위험할 것 같았다. 서둘러 돌아가야겠구나 싶었다. 곧바로 배를 움직여 항구로 진로를 잡았지만 수 미터가 넘는 파도가 계속 덮쳐 배가 솟구쳐 올랐다. 생각대로 배가 움직여주지 않았다.

높은 파도가 치는 바다에서는 밀려오는 파도에 배가 수직을 향하게 움직여야만 한다. 배의 복부(측면)에 횡파가 부딪치면 내가 타는 작은 배 같은 건 쉽게 뒤집어지고 만다. 즉 파도에 배의 측면을 보이면 그걸로 끝인 거다. 게다가 항상 같은 방향에서 파도가 오는 게 아니기 때문에 파도가 몰려올 때마다 방향을 조절할 필요가 있다. 이렇듯 배를 운전하기 위해서는 섬세한 조작이 필요한데 폭우로 한치 앞도 보이지 않았던 거다.

아무도 없고, 아무도 와줄 수 없는 바다 한가운데서 파도에 이리저리 밀리다 보니 '이러다 정말 죽겠구나' 하는 공포가 엄습해왔다. 거대한 자연의 힘 앞에 내가 할 수 있는 일이라고는, 신께 기도하며 광풍을 견디고 파도에 넘어지는 배를 세워 조금씩 앞으로 나가는 것밖에 없었다.

파도와 씨름하길 약 한 시간, 기진맥진 항구로 돌아오니 날씨가 바뀌어 구름 속에서 해가 얼굴을 내밀기 시작했다. 자연은 정말로 변덕스럽구나, 그 힘 앞에서 인간이 할 수 있는 일이란 얼마나 미약한가, 새삼스레 그런 생각을 하게 됐다.

극단적인 예처럼 보이겠지만, 사실 이런 일은 아마에 살다 보면 일상으로 벌어지는 일이다. 자연에 의해 일상생활이 위협받는 일이 허다하다. 그래서 아마 사람들은 다들 '자연은 이길 수 없다'고 생각하며 살아간다. 자연을 정복하겠다는 생각 따위를 전혀 하지 않는다. 나는 그런 면에서 자연에 대들지 않는 온순함을 배울 수 있었다.

이런 체험을 하고서야 비로소 우리는 깨달을 수 있었다. 섬에서 만나게 된 신과의 접점을 통해 인간이란 자연에서 무언가를 얻어야만 살아갈 수 있다는 사실을 재확인 할 수 있었다.

자연과의 접점은 신과의 접점을 낳고 그것이 다시 신앙이 된다. 자연을 경외하는 것도 그렇고, 대지에 농작물을 부탁하는 것도 그렇고, 대풍을 감사하며 바다에 머리를 조아리는 것도 그렇다. 신의 존재를 인정하면서 선조에 부끄럽지 않은 삶의 방식이라는 미덕도 태어날 수 있었다. 이는 스스로 자신을 되돌아보는 것과도 연결된다. 신을 향한 신앙은 일본인의 소중한 철학이라는 사실을 섬에 와서 처음으로 깨달을 수 있었다.

남의 일이란 없다 아베

아마는 섬인 만큼 지역 사회가 정말 좁다. 지금 어디서 무슨 일이 일어나고 있는지, 누구나 제 손바닥 보듯 뻔히 다 안다. 생산자와 유통, 소비자로 연결된 생산 공급망의 규모가 작아서 그 전체상이 금세 시야에 들어오기 때문이다.

심지어는 지역 사회에서 주요 역할을 담당하는 사람, 예를 들어 농사를 담당하는 농부, 교육을 담당하는 교육자, 진료를 담당하는 의사 등 섬사람들의 얼굴이 금세 떠오를 정도다.

이렇듯 움직임을 간파하기 쉬운 사회의 이점은 일부에서 어떤 변화가 일어났을 때 그것이 사회 전체에 어떤 영향을 미칠 것인지 쉽게 추측할 수 있다는 점이다. 또한 작은 사회에서는 어딘가에서 일어난 변화가 곧바로 자기 자신에게 영향을 미치기 때문에 남의 일이라고 치부하는 경우가 줄어들 수밖에 없다. 작은 사회에서는 사회와 자신의 관계성을 상상하기 쉽고, 사회 안에서 자신의 역할도 명확해진다.

남의 일인 게 아무 것도 없는 사회. 다시 말해 이는 누구든 남의 일을 내 일처럼 느끼는 사회이기도 하다. 뒤집어 보면 물론 개인의 사생활 면에서 번거로운 부분도 있다. 벌컥 현관문이 열리기도 하고 소문이 순식간에 퍼지기도 한다.

그러나 그 반면 문제가 생겼을 때 남의 일이라고 내버려둔다는 게 아마에서는 있을 수 없는 일이다. 얼마 전 아마에 이런 일이 있었다. 운영 중인 두 개의 건축회사 중 한 곳이 폐업하게 되었다. 그때 아마 사람들은 그 회사에서 직장을 잃은 사람들을 어떻게 해야 할지, 현재 일손이 부족한 업체는 어디인지 함께 고민하기 시작했다. 그러다 보면 금세 사람 손이 필요한 회사의 명단까지 확보된다. 물론 언제나 그런 건 아니다. 그러나 사회 문제를 자기 일처럼 생각하며 해결책을 도출하는 데까지 끌고 가고자 하는 게 아마에서는 당연한 일이다.

섬이라는 작은 사회의 구성원은 그 사회에서 생활하는 사람인
동시에 사회를 만들어가는 사람이기도 하다. 그러므로 변화가 생
겼을 때 자율적으로 대책을 마련하고자 하고 그 속도도 빠르다. 큰
도시는 대규모 유통이 가능한 사회이며 그에 따른 거대 이익을 창
출하는 데 뛰어나다. 그러나 규모가 큰 만큼 변화에 대한 위기 예
측과 대응을 신속히 공유하기란 쉽지 않다.

물론 아마라고 뭐든 잘되고 있다는 건 아니다. 경제 문제도 있
고 출산율 저하를 동반한 고령화 문제도 도시보다 훨씬 더 심각하
다. 무엇보다 사회를 짊어지고 갈 젊은층이 줄고 있다는 게 가장
큰 문제다.

그러나 남의 일이라고 외면할 수 없는 사회가 주는 일체감이
아마가 지닌 가장 큰 강점인 것만은 사실이다. 이곳에 살면서 따뜻
함을 느끼는 것도 아마가 그런 사회이기 때문이니 말이다.

땅의 시간을 따르는 삶 아베

아마 사람들과 이야기를 나누다 보면, 자기 인생과는 별도로
또 하나의 시간 축으로 사물을 바라보고 있다는 걸 알게 된다. 말
하자면 그걸 '땅의 시간 축'이라 할 수 있으리라. 자기가 태어난
땅, 자기 생명과 연관된 땅, 그리고 앞으로 다가올 미래에 이어져
갈 땅의 시간을 생각해 지금 자신의 인생을 살아가고 있는 사람이
많다는 걸 깨닫게 된다.

이전에 아마의 어느 할아버지와 이야기를 나누던 중 이런 말
을 들었다.

"매일이 정말 행복하다네. 아침에 내가 일어나고 싶은 시간에

일어나 좋아하는 친구와 좋아하는 일을 하면 되는 인생이니 이 얼마나 행복한가."

불안한 건 없으시냐고 여쭤보니 무려 그 대답이 '노후'였다. 참고로 그 영감님 연세가 올해 일흔 여섯이다. 그 연세에 노후를 여전히 미래의 일로 보는, 활기 넘치는 멋진 할아버지였다. 그러나 지역의 미래로 화제가 넘어가자 할아버지의 어조가 바뀌기 시작했다.

"이 땅을 짊어지고 나갈 아이가 점점 줄어들고 있어. 우리들이 어떻게든 해야만 해. 더 나이 먹어 몸을 움직이지 못하기 전에 힘을 합쳐야만 하지. 앞으로 이 땅을 아이들이 살기 좋은 곳으로 만들어야 하네. 우리가 그런 걸 남겨줘야 해."

할아버지의 이야기를 듣고 '일곱 세대 앞을 내다보며 큰일을 결정한다'는 인디언 이야기가 떠올랐다. 아메리카 원주민인 인디언은 자기 자신이나 자기 세대를 위해서가 아니라, 미래 세대를 살아갈 아이, 손자, 심지어는 아직 태어나지도 않은, 대지에서 찾아올 새로운 생명까지 내다보고 지금을 살아간다고 한다. 지역 만들기의 문맥에서 자주 인용되는 그 말을, 내 가까이에서 해 주는 할아버지가 계시다는 것을 소중히 여겨야겠다고 생각했다.

"선조가 이 섬에 와서 우리를 키워주셨지. 그분들이 이렇게나 행복한 인생을 주신 것과 마찬가지라네. 그러니 그분들께 부끄럽지 않도록 우리도 다음 세대에 같은 일을 해 줘야만 한다네."

할아버지는 땅의 기억을 자신의 기억처럼 여기며 살아가고 있었다. 자기라는 시간만으로 전전긍긍 살아가는 우리와는 달리, 섬 사람은 보다 먼 곳을 보고 현재를 살아가고 있었다.

아마초의 야마우치 정장도 마찬가지다. 2012년 현재 세 번째

연임 중인 야마우치 정장은 '자립, 도전, 교류'를 키워드로 행정과 재정을 철저히 개혁하며 아마를 지금의 모습으로 이끌어온 리더다. 그러나 올해로 벌써 일흔 넷을 맞이했다. 자신의 몸을 생각한다면 행정의 제일선에서 물러날 법도 한데 여전히 의욕적으로 직무를 해내고 있다.

"분명 아마는 변했어요. 좋은 방향으로 착실히 걸어가고 있지요. 하지만 아직 뒷일을 걱정하지 않아도 될 만큼 성장할 힘을 쌓은 것도 아니고 여전히 내가 해야 할 일이 남아 있다고 생각해요. 지금까지 몸을 던져 실현해온 것들, 그리고 거기에 따라와 준 메구리노와가 곤란을 겪게 해선 안 되니까요. 그리고 날 믿고 있는 섬사람들을 져버릴 수도 없고요. 쓰러질 거라면 벌써 쓰러졌을 겁니다."

섬의 어른들 중에는 이런 사람이 정말 많다. 자기 인생을 자기만의 것, 자기 세대만의 것이 아니라고 생각하며 살아가는 사람들. 지금 시대, 지금의 일본 사회에 필요한 건 이런 생각들이 아닐까?

아마는 아마다운 것들로 움직인다 _{아베}

아마는 외부에 대해 꽤나 열려있는 섬이다. 우리처럼 섬에서 창업하는 경우도 있고 꽤 많은 수의 귀촌인을 받아들이고 있기도 하다. 그러면서도 아마의 지역 만들기가 이렇게나 아마다울 수 있는 건 왜일까?

지금의 아마가 있을 수 있었던 까닭은 섬사람들이 철저히 아마의 상황과 직면했기 때문이라고 본다. 타 지역에서 성공한 모델을 그대로 가져온다거나, 전문가에게 해결책을 구하는 등 바깥의 힘에 과도하게 의존하지 않았기 때문에 독자적인 진보를 계속할 수 있었다는 말이다. 지역 만들기 과정 속에서 어떤 과제와 직면하게 되면 다른 곳의 사례를 찾아보기 마련이다. 단서를 찾을 수야 있겠지만 거기서 해답을 찾지는 못한다. 결과적으로 그 지역의 미래는 그곳에서 살아가는 사람들이 만들어 가는 것이기 때문이다. 그 사람들이 살아가는 환경과 철저히 대면하면서 말이다.

물론 시찰을 위해 아마에도 많은 사람들이 찾아온다. 지역 만들기의 힌트를 구하기 위해서다. 그때마다 가장 큰 화제를 불러일으키는 건 CAS라는 냉동 시스템이다. 하지만 그 부분에 있어 나는 조금 다르게 생각하고 있다. CAS가 지닌 최첨단 기술이 불러온 성공이라기 보다는, 섬사람들의 이해를 기반으로 그것을 활용할 시스템을 만들어 낸 후 제대로 구동시키고 있는 아마의 강점이 불러온 성공이라고 보기 때문이다. 시찰 온 사람들이 이런 부분까지 포함해 CAS라는 힌트를 품고 가면 좋겠다.

CAS Cell Alive System란 자기장 에너지로 세포를 진동시켜 세포 조직이 망가지지 않게 냉동시키는 최첨단 냉동 시스템이다. 2005년 아마는 4억 엔이 넘는 자금을 들여 이 시스템을 도입했다. 일반 급속냉동 시스템보다 훨씬 더 높은 선도를 유지하는 차세대 냉동 기술이다. 이 시스템을 이용하면서 아마는 제철의 맛과 선도를 보존한 해산물을 도쿄 등 대규모 소비지에 출하할 수 있게 되었다. 외딴섬이 지닌 운송 비용이라는 단점이 있긴 하지만 현지의 맛을 그대로 보존해 전국에 직송할 수 있기 때문에 신문 등 매스컴에서 화제를 불러일으키기도 했다.

바깥에서 볼 때는 지역 어부와 지역 산업이 한 몸이 되어 맛있는 해산물을 척척 섬 밖으로 보내는 이미지가 그려지겠지만, 사실 1차 산업 현장에서 담당자들을 하나로 묶고 좋은 상품을 만들어 낸다는 건 무척이나 어렵다. 원래대로라면 어부들은 수확한 해산물을 시장에 출하시킨다. 그것을 CAS 동결 센터로 출하하게 만드는 것이 CAS 직배송 사업에서 가장 어려웠던 부분 중 하나였다.

또한 지역 어부들이 출하하는 해산물을 모두 받아 팔 수 있을 만큼 충분한 판로를 확보하지 못하고 있다는 게 CAS 냉동 상품의 현 상황이다. 그러니 어부들로부터 받는 해산물 양을 조절하면서 상품 개발을 해 나갈 수밖에 없는 실정이다.

CAS 동결 센터는 그 날 잡힌 해산물을 집하해 그 날 안에 처리, 냉동한다. 하지만 해산물의 특성상 많이 잡힐 때도 있고 그렇지 않을 때도 있다. 날씨 등 주변 조건에 어획량이 좌우되기 때문에 당일이 되기 전까지 어떻게 될지 아무도 모른다. 그러므로 출하량을 일정하게 정해 버리면 어부들이 일하기 어려워진다. 어부로서는 현행 시장처럼 수확량이 많든 적든 자기들이 잡아온 것을 전부 사주기를 바랄 테니 말이다.

게다가 또 다른 문제도 있다. 동결 센터에 입하량이 늘어나면 냉동 처리에 필요한 인건비가 올라가는 건 물론, 냉동해 장기 보존을 할 수 있다고는 하나 재고로 인한 비용이 들 수밖에 없다. 오징어 철을 예로 들어 보면, 수요를 감당하기 위해 CAS 동결 센터는 다량의 오징어를 입하한다. 그러면 동결 센터에 일손이 부족해지는데, 그때마다 임시로 일을 해 줄 만한 사람이 섬에 어느 정도 있느냐는 것도 CAS 운용에 있어 빠트릴 수 없는 부분이다. 아마에서는 어부의 아내들이 그 부분에서 큰 도움을 주고 있다. 그 외에도 지역의 주부, 즉 섬의 아주머니들이 하고 있는 일 중에는 CAS 냉동 상품의 맛내기도 포함되어 있다. 보통 소재는 지역 것을 쓰지만 맛내기 부분에서는 외부의 음식 컨설턴트에게 도움을 받는 경우가 많다. 하지만 아마에서는 대부분 현지 조달로 해결하고 있다. 자신들이 전하고 싶은 맛, 그것을 전달하기 위한 노력과 도전, 현지의 맛 그대로를 소비자에게 전하고 싶은 마음까지 상품에 깃들어 있기 때문에 아마의 맛을 고스란히 전할 수 있다.

이처럼 언뜻 봐서는 훌륭한 기술만 있으면 충분할 것 같지만, 그것을 지탱하기 위해서는 겉으로는 보이지 않는 많은 사람들의 힘, 그리고 그들 사이의 이해가 필요하다.

4억 엔이라는 거액을 CAS에 투입한 리더의 영단과 그것을 이해해 준 섬사람들의 결단도 물론 중요하다. 그러나 그 이상으로 어렵고 중요한 부분은 1차 생산을 책임지는 생산자들의 이해를 구하며 CAS를 제대로 활용할 구조를 만들어 나가는 일이다. CAS의 훌륭한 기술만으로는 부족하다. 그것을 움직이게 만들 시스템을 섬사람들과 단결해 만들어 가는 것, 그것까지 모두 포함한 것이 바로 아마의 CAS 시스템이라 할 수 있다. 이는 비단 CAS뿐만 아니라 지역 만들기의 모든 과정에서 필요한 것이다.

섬사람 이야기 3

오쿠다 가즈모리 奧田和司

1959년 아마초에서 태어났다. 1978년부터 아마초 관공서에서 근무했다. 산업과 과장직을 맡아 일하던 중, 2005년 차세대 냉동 기술 CAS를 아마에 도입하기 위해 야마우치 미치오 정장과 함께 '주식회사 고향 아마'를 설립했다. 현재 CAS 냉동 센터에서 전무로 근무하고 있다.

아마초는 오징어, 소라, 굴 같은 신선한 어패류가 많이 잡히는 곳이다. 잡힌 어패류는 섬 안에 있는 CAS 동결 센터에서 냉동된 후 전국으로 출하된다. CAS 동결 센터는 민관 합동 법인인 '주식회사 고향 아마'에서 운영하고 있다. 주식회사 고향 아마에서 전무를 맡고 있는 오쿠다 가즈모리 씨는 CAS 상품을 위해 다양한 노력을 하고 있는 인물이다. 오감 학원의 강사이기도 한 오쿠다 씨에게 상품 개발을 통해 본 '아마다움'에 대한 이야기를 들어 보았다.

아마다움이란

'아마다움'이 무엇이냐는 질문에는 각각의 지역마다 개성이 있다는 것이 대답이 될 수 있을 것 같네요. 관습까지는 아니지만, 이렇게 작은 섬 안에도 사는 지역마다 다른 축제가 있고 절대 포기하지 않고 지켜 온 문화 같은 게 있거든요.

밖에서 온 사람은 그걸 보고 "아, 참 좋다" 하겠지만 살고 있는 사람 입장에서는 "아, 귀찮다" 싶은 부분도 많아요. 그러나 그런 노력 없이 전통이나 문화를 지킬 수는 없을 테니까요. 전통과 문화를 이어간다는 게 아마의 장점이지 않을까, 그렇게 생각합니다.

저는 주식회사 고향 아마에서 CAS 사업을 맡아 하고 있습니다. 지역 특산품 만들기, 지산지소의 확대, 섬 밖으로의 홍보를 맡고 있는데, 이런 사업도 결국은 마찬가지입니다. 아마 안의 여러 개성을 살려 그것을 제대로 직면하는 것이 중요하다고 보니까요.

상품을 만들 때에는 갈등이 따를 수밖에 없습니다. 상품화에 동반되는 비효율성, 그것을 넘어서는 비전이 있어야만 아마다움을 끌어낼 수 있습니다. 그러나 반면 이런 면도 있어요. 최종 만들어진 아마의 물품이 여러 판매점을 통해 세상에 나가기 때문에 '아마답다'는 것만을 내세우며 하고 싶은 대로만 할 수 없는 부분도 존재합니다. 화제가 되고 있는 CAS도 마찬가지지요. 아직까지 현장의 고객층만 갖고는 지속가능하다고 볼 수 없으니까요. 그러므로 아마만의 특징을 만들어 내기 위한 시행착오, 고객의 요구에 맞는 상품 만들기라는 두 가지 관점에서 상품 개발을 해야 합니다.

우리 회사에서 CAS로 냉동해 판매 중인 대부분의 상품은 지역민의 협력으로 만든 것들입니다. 맛내기 부분도 그렇습니다. 아마에 거주하는 주부들 손맛이니 그야말로 진짜 '고향의 맛'을 직송하고 있다고 할 수 있습니다.

이렇게 만들어 낸 아마 고유의 맛을 상품으로서 고객이 제대로 받아들일지는 아무도 모르는 일입니다. 하지만 고객에게 맞추기만 한 상품을 만들어 내서는 아마다운 것이 사라지고 마니까요. 맛에 대한 타협이 이렇게나 어려운 것만 봐도 아마가 음식 면에서 얼마나 개성이 강한 섬인지, 새삼 확인하게 됩니다.

예를 들어 '쫄깃쫄깃 오징어 절임'이라는 우리 제품은 살이 두텁고 단맛이 나는 윗몸통 살과 귀 부분을 쓰고 체에 정성껏 거른 내장이 들어간 간장 소스로 맛을 낸 상품입니다. 삼각형 모양의 오징어 귀는 통상 잘 먹지 않는 부분이지만 아마 사람들은 그게 맛있다는 걸 알고 있어요. 즉 어린아이 때부터 오감으로 기억하고 있던 맛이 아마의 상품 안에 살아 있는 겁니다.

이런 결과로 봤을 때, 아마 같은 외딴섬에서는 뭐든지 계속한다는 것이 중요합니다. 계속하는 것이 모든 것의 재산입니다. 그리고 계속해 온 것들 중 가치 있는 것을 이끌어 내는 것이 무엇보다 중요한 부분입니다.

굴만 봐도 그렇습니다. 아마의 명물이 된 바위굴 '하루카春香' 는 '아마 바위굴 생산 주식회사'가 정열을 가지고 키워낸 특산품입니다. 지금도 열심히 하고 있는 회사지요. 생각한 대로 수량과 규격을 정비하지 못하는 문제에도 불구하고 CAS가 지속적으로 주목을 받을 수 있었던 건 바위굴이 사람들의 시선을 끌어 모았기 때문입니다. 이는 아마 바위굴 생산 주식회사의 변함없는 노력과 실적에 뒷받침된 것이지요.

또 하나, CAS 성공의 키를 잡고 있는 것은 오징어입니다. 어부들의 가장 큰 수입원이고 섬사람들 손으로 맛내기를 하는 품목인데다가 CAS 동결 센터에서도 판매액이 가장 높기 때문입니다. 바위굴로 주목을 끌고 오징어로 확실한 수익을 올리기 위해 앞으로도 최선으로 노력할 생각입니다.

메구리노와의 오감 학원에서도 주로 이런 이야기를 합니다. 하지만 강의 내도록 오징어 이야기만 할 수도 없는 노릇이니 오감 학원에서도 이래저래 시행착오 중이네요.

메구리노와가 어떤 회사냐고요? 솔직히 잘 알 수 없는 회사입니다. 그래도 오감 학원은 재미있어요. 기업 연수를 연다기에, 섬 밖으로만 한정하지 말고 아마 내의 회사도 참가하면 좋겠다 싶었습니다. 그래서 올해 산토리 기업 연수 때 우리 회사도 참가했습니다.

강의에서는 일부러 섬까지 와준 사람들을 대상으로 하기 때문에 아마다운 것들을 전하고자 노력하고 있습니다. 하지만 평소에는 '아마다움이란 무엇일까' 생각할 시간도 없고 여유도 없어요.

이런 기회가 있으니까 생각해 보게 되는 거지요. 그런 의미에서 섬 사람들에게 있어서도 오감 학원은 '파이팅'을 외치는 보통 기업 연수와는 또 다른 의미를 쌓아가고 있다고 생각합니다. 아마에서 이런 행사를 지속해야겠다고 생각한다면, 아마 사람들도 좀 더 자신을 갈고닦아야 한다는 사명감으로 행사를 대하게 될 겁니다.

메구리노와는 잘 모르겠는 회사지만 이것 하나만은 분명합니다. 아마에 새로운 의미를 만들어가고 있다는 것. 이것이 메구리노와가 가지고 있는 가치입니다. 지역 속으로 들어오는 메구리노와의 방식도 훌륭했습니다. 지역 안에 들어와서 자신들이 배운 것을 지역 바깥의 사람들에게 전하며 가치 있는 것으로 만들고 있어요. 그것이 돌고 돌아 결국엔 아마 사람들에게도 가치 있는 것이 되고 있습니다. 이전까지는 아마에 없었던 일이에요.

무엇보다 중요한 건, 그들이 아마에 제대로 뿌리를 박고 있다는 사실입니다. 지역 만들기 사업을 통해 발생한 이익이 고스란히 지역에 남기 때문에 지역민들도 기뻐할 수 있는 거지요. 지역 만들기를 섬 밖 업자에게 맡기는 것만큼 바보 같은 이야기도 없어요. 메구리노와가 이런 일을 해 주고 있다는 것이 가장 고마운 점이지요.

오감 학원을 통해 우리의 생각을 스스로 갈고닦는 것. 이는 기업 연수와는 직접 연관이 없어 보이는 오징어 판매 하나에도 커다란 힌트가 되어 줄 겁니다. 내년, 또 내년, 오감 학원을 해 나가면서 우리도 같은 말만 하고 있을 수는 없으니까요. 함께 절차탁마하자는 생각입니다.

4장

제2의
고향

내가 있을 곳 아베

내가 고향이라 부를 만한 곳은 어디인가? 혹은 내가 살아오면서 마지막으로 고향을 느낀 때는 언제였나? 내게는 지금 아마가 그런 곳이다.

누구나 태어난 고향이 있다. 말하자면 여기서 의미하는 고향은 출생지라 할 수 있다. 지리적인 사실에서 자신이 태어나 자란 곳을 말한다. 내 출생지는 에히메 현愛媛県 니시하마 시新居浜市다.

출생지와 고향. 뜻은 비슷해도 느낌은 참 다른 말이다. 나는 사람들이 마음으로 "다녀왔습니다"라 말할 수 있을 때, 그때가 바로 고향이라는 감정을 느낄 수 있는 때라고 생각한다.

오래도록 그곳을 지켜 온 친구가 있고 이웃의 왕래가 있는 곳. 어릴 때부터 지켜봐 온 사계절의 변화, 그 한결같은 풍경이 있는 곳. 예전과 변함없는 먹을거리가 있는 곳. 그런 곳에 돌아왔을 때 우리는 마음으로부터 "다녀왔습니다"라 말할 수 있는 게 아닐까?

예전에는 출생지와 고향이 일치했다. 즉 태어나 자란 곳에서 일을 찾았고 가정을 꾸려 살았다. 그러므로 누구든 자기가 태어난 곳에 돌아가면 거기서 고향의 감정을 느낄 수 있었다. 지리적인 출생지와 마음의 고향이 같은 장소였던 거다.

그러나 그런 고향은 고도경제 성장을 경계로 사라져 갔다. 새로운 것이 밀집된 곳에 도시가 생겨났고, 직업을 찾아 거주를 옮기는 사람들이 생겼다. 생활의 터전을 옮기면서 자신이 태어난 장소에서 고향의 감정을 느낄 수가 없게 된 것이다.

나 역시 그랬다. 부모의 전근 때문에 이사를 전전했고 오랫동안 고향이란 걸 느껴 보지 못한 채 살았다. 그래서 늘 고향이라는 것을 동경하며 살았다. 하지만 아마를 만나고부터는 달라졌다. 아마에서 고향을 발견했기 때문이다.

사람이 어딘가를 고향이라고 느끼게 되는 건, 그곳에 자신의 역할이 있기 때문이라 생각한다. 나를 인정해 주는 사람이 있고, 내가 존경할 만한 사람이 있고, 지키고 싶은 것이 있는 곳. 그것과 연관된 일을 하고 있고, 여러 사람들이 내 집을 찾아와 주는 그런 곳.

도시에서 나고 자라 아파트에 살고 있는 사람들은 대부분 이럴 거다. 바로 옆집 정도는 누가 사는지 알지만 아래층만 되어도 누가 사는지 모른다. 근처에 있는 다른 동, 다른 아파트에는 누가 사는지 전혀 알 수가 없다.

아파트에 살고, 몇 번의 이사를 경험하고, 문득 정신 차려 보면 어느새 결혼해 가정을 꾸린 스스로를 발견하게 된다. 그렇게 아이가 생겨 유치원에 보낼 무렵쯤 되면 내게도, 아이에게도 마음의 고향이란 게 필요한 건 아닐까, 불현듯 그런 생각을 하게 되는 사람도 적지 않으리라.

결혼을 하지 않았다 하더라도 마찬가지다. 경기가 좋다고 할 수 없는 시절, 살벌한 사회 생활에 지쳐, "다녀왔습니다"라는 말을 하지 않은 지 오래됐구나, 불현듯 그런 생각을 하는 사람도 적지 않을 것이다. 하지만 자기 고향에 돌아가 봤자 어찌할 수 있는 것도 아니다. 직장도 없거니와 친구도 다들 도시로 나가고 없다. 나는 어디로 돌아가야 하는가, 그런 생각을 해 본 사람도 많으리라.

아마에 오기 전, 나도 그런 생활을 했다. 그런 면에서 보면 '사회에 좋은 일을 하고 싶다'는 동기보다는 내가 있을 곳을 찾던 중에 아마와 만났다고도 할 수 있다.

이 섬을 재건하러 왔다는 생각 따위, 한 번도 해 본 적 없다. 그런 식으로 나를 생각해 준 사람도 없었지만. 그보다는 "다녀왔습니다"라는 말을 할 수 있는 곳이 내게 필요했다는 게 더 솔직한 심경이다.

어부들에게 배 운전과 생선 낚는 법을 배우고, 이웃집 무코야마 아저씨에게 벼농사를 배우고, 배운 대로 거둬 보고, 로봇처럼 뻣뻣해서 좀처럼 잘 출 수는 없었지만 아무튼 신악에 맞출 축제 율동을 배워 보고, 긴냐모냐 축제 때 차린 노점에서 맥주에 닭꼬치를 팔아 보고. 이런 풍경을 매년 반복할 수 있는 곳. 내가 누군가에게 의지할 수 있는 곳이 되고, 나 또한 누군가에게 기댈 수 있는, 그런 관계가 있는 곳. 그런 곳을 나는 계속 찾아다녔던 거다.

고향은 오직 한 곳만은 아니다. 그러니 내가 현재 살고 있는 그곳에서 고향을 느낄 수 없다면 찾으러 나서도 좋을 것이다. 그곳으로 거처를 옮겨 새로운 인생을 걸어 봐도 좋을 것이다. 그런 곳을 찾아 "다녀왔습니다"라는 말을 진심으로 할 수 있다면, 그 어떤 경력보다, 연봉보다, 지위보다 훌륭할 것이다. 그렇다고 나는 자신 있게 말할 수 있다.

출장에서 돌아오는 길, 배는 언제나처럼 아마의 현관인 히시우라 항구에 도착한다. 갑판 승강구가 열리고 아마 땅에 올라서면 나는 진심으로 말한다.

"다녀왔습니다."

이런 것이 내가 원하던 고향이다.

문화는 사람을 키운다 노부오카

내가 고향이라 부를 수 있는 곳은 예전의 일본이 지닌 따뜻함, 사람 간의 관계가 살아 있는 일본의 모든 곳이다. 그 중에서도 아마는 내가 가장 편안함을 느끼는 곳이다. 일본의 고향, 그 가장 그리운 풍경이 아마에 남아 있다고 느꼈다.

도시가 창조하고 있는 것은 물질문명이다. 그에 반해 고향의 감정을 느끼게 해 주는 시골은 정신문화를 보존하고 있다. 그 문화가 거창한 것이어야 할 필요는 없다. 세계유산일 필요도 없고 중요문화재일 필요도 없다. 예를 들어 내가 받은 이익을 남에게 나눠주는 '오스소와케おすそわけ'는 문화재로 지정된 문화는 아니다. 하지만 일본인이 중요하게 여기는 정신과 사고방식을 말해주는 하나의 소중한 문화임에는 틀림없다.

아마의 '나눔 문화'를 보고 있으면 정말로 가슴이 따뜻해지고는 한다.

"반찬 만들다 보니 너무 많이 만들어서요. 맛있게 드세요."

말은 그렇게 하지만 사실 그건 구실이다. '그 사람 잘 지내고 있을까?'가 그 속의 진심이기 때문이다. 이웃이나 근처에 사는 사람을 생각하는, 마음의 나눔이다. 타인인 내게까지 반찬을 나눠주는 이웃 덕분에 배는 물론, 마음까지 따뜻하게 채워진다. 이것이 일본인다운 배려의 마음이자 행복이 아닐까?

유독 우리 섬만 그런 건 아닐 거다. 예전에는 일본 여기저기에 이런 작은 행복이 있었다. 그러나 지금은 그런 것들 대부분이 사라지고 말았다. 아마에는 여전히 나눔의 문화가 남아 있다. 그래서 나는 아마가 좋다. 내가 이곳에 정착해 살아가게 된 것도 그 때문이다.

나는 완벽한 인간이 아닐 뿐더러, 살고 싶지 않은 곳에서 억지로 살 생각도 없다. 인간이란 결점을 가진 생물이다. 내 결점을 받아준다면 남의 결점도 받아들일 수 있다. 내가 좋아하는 곳은 그런 교환이 자연스럽게 이루어지는 곳이다. 그런 곳을 만나면 살고 싶다는 생각이 든다.

아마초는 그런 면에서 포용력이 넓다. 우리가 개최하는 이벤트에 자주 도움을 주는 무코야마 농부 아저씨만 봐도 그렇다.

"못하겠다고 할 때는 있겠지만 무턱대고 안 된다고 하지는 않을 테니까."

무코야마 아저씨는 이렇게 말하며 우리가 부리는 억지를 일단다 받아들여 준다. 섬사람 모두가 그렇다는 건 아니지만 적어도 지금껏 이벤트나 사업 차원에서 만났던 아마 사람들 중에는 포용력 넓은 사람이 정말 많았다. 생각해보면 고마운 일이다.

무코야마 아저씨는 우리에게 이런 말을 자주 한다.

"너희들 그래 가지고 먹고 살 수 있겠어? 힘들지 않겠어?"

딱히 겁주려고 하는 말이 아니라는 걸 잘 안다. 지금껏 무코야마 아저씨는 섬에서 자립하지 못해 괴로워하다가 섬을 떠난 사람들을 많이 보았다. 혹시 실패할까 봐 안쓰러운 마음에 그런 말을 하시는 거다. 이렇듯 아마에는 선한 사람들이 참 많다. 이런 만남을 통해 나는 아마 사람들의 인간적인 면을 정말 좋아하게 됐다.

이런 건 기술 문명으로 만들 수 있는 게 아니다. 이 섬의 문화가 키워온 것이기 때문이다.

마음이 돌아오는 고향 ^{아베}

얼마 전 한 할아버지와 그 동생 가족이 아마로 찾아왔다. 히시우라菱浦 항구에 마중 나가 만난 할아버지와 웃으며 이런 말을 나누었다.

"우리 이렇게 만나는 게 5년 만인가?"

"아뇨, 벌써 11년이나 됐어요. 할아버지."

"그렇게 세월이 흘렀나? 나이를 먹으면 기억이 선명해진다네. 바로 얼마 전 일처럼 생각되거든."

할아버지와 만난 건, 황금 연휴를 이용해 시고쿠 지방을 혼자 자전거로 여행하던 때였다. 교토에서 대학을 다니던 무렵이다. 에히메 현 미카메초三瓶町의 어느 마을에 접어들자 구름의 움직임이 심상치 않았다. 시간도 오후 3시를 지나고 있었다. 오늘은 그만 달리고 근방에서 비를 피할 곳을 찾아야겠다는 생각에 마을 여기저기를 걷기 시작했다.

돈도 없이 나홀로 자전거 여행이었던지라 잠은 텐트를 치고 노숙했다. 밥은 직접 했고 반찬은 대부분 현지에서 조달하는 게 보통이었다. 서바이벌 느낌 가득한 여행이었다.

마을을 걷다가 뭔가 공장 같은 건물을 발견했다. 지붕이 튀어나와 있었기 때문에 그 밑에 텐트를 치면 비를 피할 수 있겠다는 생각이 들었다.

그렇다고 내 마음대로 텐트를 칠 수는 없는 노릇이었다. 공장 바로 옆의 민가로 가서 오늘 밤 텐트를 쳐도 되는지 물어보기로 했다. 그러자 민가 할머니가 "거긴 OO 씨의 건물인데, 내가 말해둘 테니 괜찮을 거다"라고 대답했다. 감사의 인사를 하고 서둘러 텐트를 쳤다. 그리고는 자전거에 싣고 온 낚시 도구를 챙겨 바다로 나섰다.

'오늘 밤에는 어떤 회를 먹게 될까?' 그런 생각을 하며 낚싯대를 드리우고 있자니 조금 전 만났던 할머니가 내 쪽으로 다가오는 게 보였다. 할머니는 내게 어디서 왔냐고 물었고, 교토에서 대학을 다니고 있고 고치 시高知市에서 출발해 자전거로 여행 중이라 대답하니 뜻밖의 제안을 했다.

"괜찮으면 오늘 밤 우리 집에 묵는 거 어때?"

"예? 그래도 괜찮을까요?"

땀 냄새에 찌든 옷을 입고 비에 흠뻑 젖는 텐트 안에서 제대로 자지 못하는 생활을 한동안 계속했던 나로서는 거절할 이유가 하나도 없었다.

집에 도착하자마자 할머니는 목욕물을 받아 주었다. 커다란 욕조에서 피로를 풀고 나왔더니 파자마에다가 목욕 후 수분 보충으로 맥주까지 따라 주었다. 게다가 그 집 할아버지께서 도미 양식을 했던지라, 도미 회니 뭐니 식탁 위에 차려진 음식이 엄청났다.

'여기가 천국이구나.' 그런 생각으로 행복해 하며 지금까지의 여행 이야기를 들려주었다. 밤이 깊어지자 폭신폭신한 이불 속에 들어가 잠을 청했다.

다음 날, 곧바로 출발해야 하는 일정이었기에 정중히 인사를 하고 서둘러 집을 나섰다. 그 이후로도 여행은 계속됐다. 여행이 끝나자마자 하룻밤 신세에 대한 감사의 마음을 편지에 담아 답례품과 함께 보냈다. 그 이후 매년 연하장도 보냈다. 취업이 결정된 날은 전화도 드리면서 작지만 긴 인연을 이어갔다. 마치 내 할아버지, 할머니가 한 분씩 더 늘어난 것 같아 정말 기뻤다.

도요타에 입사하고도 계속해서 연하장을 보냈다. 그러나 언제부턴가 답장을 받을 수 없었다. 혹시 무슨 일이 있는 건 아닌지 걱정스러웠지만 좀처럼 만나러 갈 시간을 만들지 못했다. 그렇게 일방통행이 되어버린 연하장만이 우리 사이를 이어주고 있었다.

그로부터 어느새 11년이라는 세월이 흘러, 나는 아마로 거처를 옮겼고 창업도 했다. 메구리노와를 시작한 지 얼마 되지 않았던 무렵, 모르는 전화번호로 전화가 걸려왔다. 받아 보니 자신이 요네키 죠이치米木助一의 동생 되는 사람이라고 했다. 요네키 죠이치가 누굴까 생각하며 수화기 건너편의 이야기를 듣다 보니 11년 전 시고쿠 여행에서 나를 재워줬던 할아버지 성함이 요네키 죠이치였다는 걸 떠올릴 수 있었다.

"죽기 전에 형님이 당신이 있는 섬에 꼭 가보고 싶다고 하셔서……."

동생 분의 말을 듣고 생각해 보니 연하장에 내가 아마에 살고 있다는 걸 쓴 적이 있었다. '내 연하장을 읽어주셨구나.' 기쁜 마음에 곧바로 일정을 잡았다.

동생 부부는 할아버지와 손자를 데리고 섬에 들어왔다. "오랜만이에요. 할아버지." 그렇게 인사를 드리자 기억이 선명해진다는 할아버지는 빙글빙글 웃으며 마치 어제 일처럼 나에 대해 떠올리며 이런저런 이야기를 했다. 하지만 할머니의 모습은 어디서도 뵐 수가 없었다.

"할멈은 5년 전인가 벌써 저세상으로 갔다네. 자네가 보내 준 연하장 답장은 늘 할멈이 썼었어. 그래서 그 이후부터 답장을 보낼 수 없었지."

할머니가 돌아가셨다는 슬픈 소식이었다. 그러나 그 하루의 시간이 11년이라는 세월을 지나, 여기 아마에서 다시 이어질 줄은 정말 몰랐다. 그래서 슬픔보다는 기쁨이 더 컸다. 할아버지는 이틀 동안 아마에 묵으셨고, 머무는 동안 내게 참 잘해주셨다. 그리고 헤어질 때에는 용돈까지 쥐어주셨다.

단지 우연일지도 모르지만, 아마에서 이렇게 할아버지와 다시 만날 수 있었던 건 어쩌면 아마의 힘일지도 모르겠다는 생각이 들었다. 사람의 마음이 되돌아오게 만드는 마음의 고향. 아마가 그런 느낌을 들게 하는 장소여서 그랬던 건 아니었을까?

할아버지, 건강하시길 바랍니다. 그리고 꼭 다시 아마를 찾아주세요.

섬사람 이야기 4

후지사와 유스케 藤澤裕介

1979년 가나가와 현神奈川県 출생. 2002년 가도카와쇼텐角川書店 출판사에 입사해 8년 반 동안 서점 영업 업무를 담당했다. 2010년 10월부터 아마초에서 섬 생활을 시작했다. 현재 아마초 어업협동조합에서 근무하고 있다.

대형 출판사에 근무하던 후지사와 유스케는 2010년 아마초로 들어와 섬 생활을 시작했다. 아마초 어업협동조합 소속 어부들의 깊은 신뢰를 얻고 있는 그는 바다에서 저녁거리를 낚아 집으로 귀가한다. 휴일이면 늘 산이나 바다에 나가 있는 그는 이제 완전히 섬사람이 다 됐다. 아마를 인생 제2의 고향으로 만드는 데 성공한 후지사와 씨에게 이주의 비결에 대해 물었다.

다름을 즐기다

대학 다닐 때 오키나와에 갔었는데, 그때가 섬과의 첫 만남이었습니다. 졸업 후 가도카와쇼텐이라는 출판사에 취직했고, 입사 2년 차 되던 해 다시 한 번 오키나와를 찾았습니다. 점점 더 섬이 좋아졌고, 1년에 세 번 정도의 주기로 섬을 오가기 시작했습니다. 그때부터였을 거예요. 사도가시마佐渡島에 캠핑하러 갔을 때도 '이주한다'는 시선으로 섬을 바라봤으니까요.

섬은 여러 가지로 저를 끌어당겼습니다. 원래 바다를 무척이나 좋아했고 자연이 가까운 곳에 있다는 것이 좋았습니다. 그리고 무엇보다, 도시 생활에서 겪어야 하는 물건의 과잉에 진절머리가 났습니다. 길거리 편의점이든 어디든 아무튼 도시에는 물건이 너무 많으니까요. 섬에는 무엇 하나 과잉이랄 게 없습니다. 거기서 받은 좋은 느낌이 섬으로 들어가는 계기가 되었어요.

아마를 알게 된 건 신문을 통해서였습니다. 몇 년 전 가을 닛케이 신문에서 외딴섬의 지역 진흥에 대한 특집을 다룬 적이 있었습니다. 아마초의 지역 활성화에 대해 10회 연속으로 연재한 특집이었지요. 무엇보다 '타 지역 사람을 받아들이는 섬사람들의 기질이 성공을 불러왔다'는 내용이 눈길을 끌었습니다.

그 후 몇 번의 예비 조사를 마친 후 2010년 10월 섬으로 들어왔습니다. 결정적인 이유는 섬의 크기였습니다. 크지도 않고 작지도 않고 '내가 살고 있는 섬'이라 말할 수 있는 적당한 크기가 안성맞춤이라고 느꼈거든요.

삶에 대한 만족도는 100점 만점에 100점입니다. 퇴근길 낚시로 저녁에 먹을 생선을 조달해 귀가하는 생활. 도시에서 그리던 꿈이었지요. 섬에 살고 있는 지금, 그 꿈은 일상이 되었습니다. 요즘 목표는 바다 카약을 타고 오키 군도에 속해 있는 180개 섬 전부를 도는 것입니다. 자연의 은혜를 느끼며 살고 싶다는 제 이주 목표가 아마에서 제대로 실현되고 있는 거지요. 하지만 이 점수는 분명 제 개인적인 수치라고 생각합니다. 제 이상을 구체적으로 그려 본 결과 100점 만점이라 느낄 수 있는 거니까요.

아마초로 오기 전, 사전에 섬사람들과 관계를 만들어 두었습니다. 먼저 아마초 어업협동조합에 일자리를 구해 놓고 섬으로 들어왔어요. 메구리노와의 아베 군과 이와모토 군에 대해서도 물론 잘 알고 있었습니다. 알 수 있는 모든 정보를 모았으니까요. 완전히 아마초의 광팬이 되어 버렸죠.

사도가시마나 오키나와 등, 몇몇 섬의 지역 커뮤니티도 드나들었습니다. 커뮤니티를 통해 도시 생활과의 문화적 차이를 제대로 이해한 후 아마로 들어갔어요. 아마도 그런 준비 덕분에 원활한 섬 생활을 할 수 있었다고 생각합니다.

섬에 들어온 후, 섬에 들어온 다른 이주민을 만날 기회가 많았습니다. 그 중에는 섬 생활에 적응하지 못해 떠나는 사람도 많았습니다. 그런 사람들을 보니 이런 생각이 들었습니다. 사전에 섬 생활에 대한 공부와 준비가 부족하지 않았나 하고 말이지요. '이럴 줄 몰랐다'고 느낀다는 것 자체가 예습이 부족했다는 말일 테니까요.

예를 들어 '인간관계가 너무 밀집되어 있다'거나 '지역 사회가 좁다는 데에 불편함을 느낀다'는 이야기를 자주 듣게 되는데요, 하지만 그런 건 당연하다고나 할까, 섬이니 그럴 수밖에 없다고 생각합니다. 섬에서는 이웃집에 마음대로 들어가는 게 당연한 일이니까요. '로마에 가면 로마법을 따르라'는 말도 있으니 말입니다. 예습만 제대로 했다면 '내가 생각했던 것보다 인간관계의 밀집이 더 심했다' 정도로 말이 달라졌을 겁니다. 그리고 다른 문화를 즐길 수 있어야 한다고 생각해요. 그 정도까지 생각을 단단히 채워둬야만 준비를 제대로 했다고 할 수 있는 게 아닐까 싶어요. 그게 아니라면 예습 부족을 먼저 의심해봐야 하는 거죠.

'내 꿈을 책임지겠다'는 단단한 마음으로 이주한다면 섬은 여러 순간 우리에게 행복을 주는 곳입니다. 섬에 와서 제일 좋은 게 뭐냐면, 하루에 몇 번이나 '행복하다'고 느끼는 시간을 경험한다는 겁니다. 제 경우, 아침에는 항구에서 일하고 오후에는 '긴냐모냐 센터'가 있는 히시우라로 갑니다. 보통은 자동차로 움직이는데 날씨가 좋을 때는 자전거로 히시우라까지 이동하고는 하죠. 그 사이 눈에 보이는 경치가 얼마나 아름다운지 몰라요. 근무 시간에 바다를 바라보며 자전거로 이동할 수 있다니, 정말 행복하다는 생각이 절로 듭니다.

물론 일도 열심히 하고 있습니다. 아마초의 '계절 음식 정기

便定期便'을 만들어 볼 생각을 작년부터 하고 있는데요, 도시에서 온 저 같은 경우, 아마의 독자적인 식문화와 멋진 자연을 누릴 수 있는 생활에 큰 만족을 느끼고 있어요. 그래서 도시 소비자들도 제철의 맛을 느낄 수 있게끔 하고 싶고, 어업에 대한 가치를 새롭게 바라보면서 정당한 대가를 지불하는 방식으로 지지를 표명할 수 있는 흐름을 만들어 보자고 생각하고 있어요. 간단히 말하면 나와 유대 관계를 맺고 있는 'MY 어부' 같은 느낌이라고나 할까요. 질보다 양을 우선시하는 지금까지의 관행으로는 어부란 직업이 점점 더 먹고 살기 어려운 직업이 되어가고 있으니까요. 어부와 고객 간의 새로운 관계를 함께 만들어 볼 생각을 하고 있습니다.

이 계획을 성공시켜 어업 분야에서 CAS 다음으로 아마를 대표할 것을 만들어 보고 싶습니다. 아마는 지역 활성화의 대명사니까요. 저 역시 아마초 어업협동조합에서 제가 할 수 있는 일을 해나갈 생각입니다.

섬사람 이야기 5

유키 후미노리 勇木史記

1980년 히로시마 현広島県 출생. 나라교육대학 대학원에서 미술교육을 전공, 미술 전수 과정을 수료한 뒤 도예가가 되기로 결심했다. 2005년 아마로 이주해 2008년에는 '오키 가마'를 짓고 도예 작업을 계속하고 있다.

유키 후미노리 씨는 아마 유일의 도예가다. 아마초의 흙으로 자신의 가마에서 작품을 만들고 있는 그는 귀촌 형식으로 아마에 들어왔다. 섬의 젊은 세대로서, 귀촌한 도예가로서, 섬에 살고 있는 자신의 미래를 어떻게 생각하고 있는지 이야기를 들어 보았다.

아마에서 걷는 도예 인생

저는 아마에서 도예가로 일하고 있습니다. 아내인 가오리香織, 2살 된 딸 시오리沙里와 함께 아마초 우즈카宇受賀에 있는 오래된 민가에서 살고 있지요.

아마로 이주한 건 7년 전입니다. 할머니가 아마에 살고 계셨기 때문에 어릴 때 아마를 자주 오갔고, 좋아하는 도예 일을 평생 하고 살 거라면 내가 좋아하는 곳에서 하자는 생각을 하게 됐습니다. 그래서 아마에 내 가마를 두고 아마 흙으로 도자기를 만들자는 결심을 하게 됐지요. 25살 무렵의 일이었습니다.

도예와의 만남은 대학 시절로 거슬러 올라갑니다. 나라의 교육대학에 다니며 문화재를 접하던 중 도자기와 만날 기회가 있었습니다. 도자기에 대해서는 정말 아무것도 몰랐습니다. 그런데 도자기를 만드는 동안 점점 제 마음이 되살아나는 것 같은 느낌을 받았어요.

도자기는 사람의 힘으로는 어림도 없는 높은 온도의 가마에서 완성됩니다. 제 손으로는 닿을 수 없는 아름다움과 강함을 품고 도자기가 완성될 때마다 '자연의 힘이란 정말 대단하구나' 선연한 감동을 받았어요. 그 과정 안에서 제 마음을 충족시키는 무언가를 느껬습니다. 그것을 계속 추구해 보고 싶다는 생각에 대학원에 진학해 도자기 공부를 시작했습니다.

또한 도예가의 정신적인 면에도 끌렸습니다. 대학원에서 삶의 방식이 정말 멋진 교수님을 만났던 거죠.

"물이 없으면 어떻게 하면 될까? 간단한 이야기다. 구멍을 파면 된다. 그리고 10미터 정도 파서 물이 나오지 않으면 또 다른 구멍을 파면 된다. 그러면 세 번째 구멍쯤에서 반드시 물이 나온다."

그 교수님의 말씀이었습니다. '물이 필요하면 몸을 움직여 구멍을 계속 파기만 하면 된다. 그러면 결과는 반드시 따라온다. 도예의 세계는 그런 것이다'라는 의미였습니다. 이 얼마나 단순하고 멋진가, 감동했지요. 그것이 도예의 길을 걷는 사람의 늠름함이었습니다.

그렇게 저는 취직하는 대신 일본 남서부 시가라키信楽에 있는 가마에 입주 제자로 들어갔습니다. 도예가로서 나 자신을 갈고닦으며 도예 활동을 시작하게 되었지요. 하지만 2주 정도 지났을 무렵 불현듯 이런 생각이 들더군요. '내가 하고 싶은 도예의 길을 걷게 됐다. 환경도 최고다. 그러나 삶의 방식 면에서 나 스스로가 제대로 납득하고 있는가.' 내가 원하는 것이 무엇인지, 정면승부를 통해 도예를 바라봐야 한다고 깨닫게 됐던 겁니다.

기술이 아닌, 삶의 방식으로서 도예를 바라보지 않으면 좌절하게 될 것이라는 느낌이 들었습니다. 언젠가 내가 좋아하는 장소에서, 내가 좋아하는 삶의 방식으로 도예가로서의 내 인생에 도전하자고 생각했어요. 그게 당시 제가 내린 결론이었습니다.

그런 것을 고민하던 어느 날, 당시의 스승님과 이야기를 나눌 기회가 있었습니다. 제 모든 생각을 말씀 드리니 "빠른 놈이 이긴다. 하루라도 빨리 그 길을 찾아 가는 게 좋다"며 깔끔한 대답을 내주셨습니다.

그렇게 시가라키의 가마를 떠날 결심을 한 후 지금의 아내가 된 가오리에게도 의견을 물어봤습니다. 그러자 "당신은 꿈을 바라보면 돼. 현실은 내가 볼 테니까"라며 마치 "뭐 불만 있어?" 하는 식으로 대답하더군요. 그래서 우리는 곧바로 아마로 건너갔고 결혼해 가정을 꾸리게 됐습니다. 저는 도예가로 일했고 아내는 아마에서 취직을 했지요. 그게 2005년이었으니까, 아베 군은 킬리만자로를 등반했을 무렵이었을 거고, 도요타에서는 에스티마를 출시했을 무렵일 겁니다.

그리고 가마 이름을 어떻게 할까 고민하던 차, 대학원에서 제게 도예 세계의 훌륭함을 가르쳐 주신 교수님께 '오키 가마'라는 이름과 '도예 인생'이라는 글귀를 받게 되었습니다. 이 두 글귀는 지금도 작업장 들어가자마자 제일 잘 보이는 곳에 붙어 있습니다.

저도 그렇고 아베 군도 마찬가지일 테지만, 우리는 도시에서 도망쳐 아마로 들어온 게 아닙니다. 진취적인 마음으로 이 섬에 들어왔으니까요. 그리고 아마는 그런 자세로 들어오기에 정말 좋은 섬입니다.

근본적으로 저는 이렇게 생각합니다. 미래를 생각하기 위해서는 과거를 소중히 해야 한다고 말이지요. 시간은 연결되어 있으며 뛰어넘을 수 없으니까요. 오래된 것을 소중히 하지 않으면 진정한 의미에서 새로운 것은 태어나지 못합니다. 항상 새로운 것만을 주시하다 보면 어느새 우리는 자기 자신을 볼 수 없게 됩니다. 과거와 미래, 양쪽 모두를 제대로 바라보는 것. 이것이 도예가로서도, 우리 미래로서도 중요한 사고방식이라고 생각합니다.

아마야말로 그런 사고방식에 적합한 섬입니다. 옛부터 이어져 온 일본 문화와 풍습을 소중히 하며 스스로 새롭게 변화하고자 하는 섬이니까요.

"자네가 인간문화재가 된다면 이 밥공기도 비싸질 테지?"

"물론입니다."

섬사람들의 이런 관심을 하나의 자극제라 여기며 살고 있습니다. 살고 있는 집이나 가정, 섬사람들도 마찬가지지만, 누군가 내게 손을 내밀어 준 것에 대해 제대로 된 작품으로 되돌려 줄 수 있기를 간절히 희망하고 있습니다. 커뮤니케이션이라든가 그저 그런 허울 좋은 말 말고, 삶의 방식으로 되돌려 주고 싶은 것이지요. 초심을 잊지 않고 죽을 때까지 손으로 정직하게 만들다 보면 누군가는 반드시 인정해 주리라 생각합니다. 앞으로도 그렇게 도예 인생을 걸어 나갈 생각입니다.

아베 군과 만난 것은 '섬에 도예가가 있다'며 저에 관한 소문이 돌기 시작한 무렵입니다. 하지만 작업장에 틀어박혀 작품 만들기에 몰두하고 있었던지라 지역민들과 접점이 거의 없었지요. 그런 제게 아베 군은 이런저런 만남을 주선해 줬습니다. 오감 학원 강사로 초빙해 주기도 했지요. 그런 그의 모습을 보고 멋있다고 생각했습니다. 자신이 섬에서 활약할 수 있는 장을 스스로 만들어가는 모습에 자극도 받았지요. 또한 교토의 유명 요리사 나카히가시 히사오中東久雄 씨와의 접점을 만들어 준 것도, 그래서 내년 첫 개인전을 교토에서 열 수 있게 된 것도 아베 군 덕분입니다.

섬의 미래, 사회의 미래를 만들어 간다는 건 분명 힘든 일입니다. 하지만 감정 면에서 보자면 여행 계획을 짤 때 느끼는 기분 좋은 감정과 비슷하다고 생각합니다. 이렇게 해 보자, 저렇게 해 보자, 목표를 세워 여행 계획을 세우는 건 정말 즐거운 일이니까요. 결국 이런 기분이 미래를 만들고 지탱해 주는 게 아닐까, 저는 그렇게 생각합니다.

5장

섬과 함께하는
회사

시골 벤처 기업일 것 아베

메구리노와의 경영 방침은 간단하다. 시골 벤처 기업일 것. 물론 그냥 언뜻 봐도 메구리노와는 시골 벤처 기업이다. 그러나 일부러 경영 방침으로 삼기까지 한 것은 그냥 '시골 기업'이어서는 절대 안 된다고 생각했기 때문이다.

의도적으로 섬에 들어와 만든 회사가 일반적인 시골 기업이 되어 버린다면 어떻게 될까? 시골에 이미 자리 잡고 있는 회사들과 경쟁을 할 수밖에 없다. 그래서는 그저 시골의 지분을 까먹으러 온 것 밖에 안 된다. 메구리노와는 섬 밖에서의 외화 획득을 통해 섬을 풍족하게 만드는 기업이어야 했다.

그러나 좁은 의미의 '벤처 기업'이어서도 곤란하다. 도시의 새로운 것을 도입해 무조건 새로운 것만 밀고 나가는 날카로운 방식은 시골과 어울리지 않는다. "그런 회사, 딴 데서 하든가." 이런 식이 돼버리고 만다. 지역민들에게 받아들여지지 못하기 때문이다.

시골 기업과 벤처 기업의 중간에 있는, 시골과 어우러진 벤처 기업, 즉 '시골 벤처 기업'이라는 온도감이 메구리노와가 추구하는 기업의 형태다.

'시골에서 새로운 것을 해서 안 되는 이유가 뭘까? 시골에 새로운 바람을 끌어들이는 건 바람직한 일이지 않은가?' 이런 의문을 가질 사람도 있을 거다. 물론 새로운 것이 좋은 결과를 낼 가능성도 있다. 그러나 결과보다 중요한 것은 그것을 해 나가는 방식이다.

도시 비즈니스를 경험한 사람이라면 지금의 트렌드 흐름을 잘 파악하고 있을 것이다. 정보를 선별하는 능력도 자연스레 높을 수밖에 없다. 시골에서 우수한 디자인 상품을 만들어 유통시킬 수도 있을 테고, 인터넷을 이용해 시골에 정보혁명을 일으킬 수도 있을 거다. 하지만 '마을을 위해 좋은 일을 하고 싶다'는 생각에 아무리 그런 일을 해 본들, 시골에서는 자기 지식을 과시하는 것으로밖에 보이지 않는다. 이런 특성을 알아채지 못한다면 아무리 많은 시간이 지나도 지역과 함께하는 회사는 될 수 없다. 시골에서 도시 방식으로 사업을 추진하는, 그저 폭주하는 벤처 기업일 뿐이다.

도시는 시골보다 훌륭한 곳도 빠른 곳도 아니다. 시골은 도시보다 열등한 곳도 느린 곳도 아니다. 도시와 시골은 각각 서로 다를 뿐이다.

10년 동안 도시에서 산 '도시 10년생'이라 하더라도 시골에 오면 다들 '시골 1년생'부터 시작한다. 여기서 중요한 것은 우선 시골의 정서에 걸음을 맞춰야 한다는 것이다. 그리고 그 걸음 안에서 자신이 할 수 있는 것을 제안할 수 있어야 한다.

그런 관점으로 보자면, 시골 벤처 기업이 추구해야 할 것은 명확해진다. 우리에게 요구되는 건 도시 벤처 기업이 목표로 하는 '열 보 앞의 미래' 같은 것이 아니다. 시골 벤처 기업이라면 주변과 보조를 맞춰 걸어 나가되 눈은 반 보 앞을 바라볼 수 있어야 한다. 지역을 이끌려고 하지 않을 것. 그 땅의 발걸음을 존중하며 반드시 함께 걸어갈 것. 그리고 그 여정을 통해, 지역민은 보지 못하는 우리들의 '반 보 앞 시야'에 그 땅 사람들이 흥미를 느껴 스스로 다가올 수 있게 해야 한다. 그리고 이왕 이렇게 시골 1년생이 되었으니 모두와 보조를 맞춰 걷는 걸음 속에서 다양한 것들을 발견해 가는 과정을 즐길 수 있어야 한다.

그래서 우리들은 시골 기업도 벤처 기업도 아닌, 시골 벤처 기업을 목표로 삼았다. 섬과 함께 걸어가는 회사를 만들고자 했던 것이다. 이제 겨우 시골 5년생. 위로는 100년생 정도까지 섬에 계시니 섬에서 우리는 아직, 정말 한참이나 어린 사람들이다.

남들 버는 만큼 버는 일 노부오키

지역에 관심 있는 분들, 아마를 살펴보러 온 사람들에게 우리 이야기를 하면 제일 많이 듣는 질문은 이거다.

"그 일 해서 먹고는 살아요?"

대답을 하자면, 어찌 된 일인지 먹고는 산다. 운과 인복 덕분도 있고 이러한 관계성 만들기에 노력을 게을리하지 않는다는 게 전제이기는 하지만, 지금 상황으로서는 먹고 사는 데 성공했다고 할 수 있다.

하지만 섬이라는 사회에서 벌어먹고 산다는 게 정말 어려운 일이기는 하다. 웹 사이트 제작으로 이윤을 내고 있다고는 하나, 사업 환경이 섬보다 훨씬 용이한 도쿄에서도 웹 사이트 제작 회사는 점점 망해가고 있는 실정이다. 하물며 섬이라면 그 장애물이 당연히 더 높을 수밖에 없다. 그러니 먹고 산다고는 했지만, 어찌됐건 보통 사람들 수준으로 생활하기 위해서는 남보다 몇 배 더 일을 할 수밖에 없다. 그런 과정 속에 겨우 먹고 살 수 있게 되었다고 하는 게 더 정확한 표현일 거다. 시골 창업이라는 이미지 때문인지 섬에서 유유자적하는 회사라 생각하기 쉽겠지만 사실 그렇지도 않다. 회사 간부들은 휴일도 반납하고 일에 쫓기고 있는 게 현재 실정이니 말이다.

스스로 벌어 스스로 먹고 산다는 건 우리에게 있어 하나의 '사명' 같은 것이다. 우리는 시골에서의 고용 창출, 시골에서의 즐거운 생활을 위해 '섬 학교'를 만들겠다는 목표로 창업했다. 그러니 먼저 우리부터 그 실천가가 되는 게 당연했다.

1년에 한 번 연봉 협상 때도 가능한 보통 사람들이 받는 금액 정도로 설정한다. 그리고 그 연봉을 지급할 수 있도록 회사의 이윤 창출을 위해 열심히 뛴다. 부자가 되기 위해 돈을 버는 게 아니라, 말과 행동을 제대로 부합시키기 위해 돈을 번다. 그러므로 보통 사람들만큼 벌 수 없다면 사업을 재검토하거나 방식을 바꾸기도 한다.

그러니 우리에게 연봉 협상이란 우리가 뛰어넘어야 할 사업 목표 만들기와 같은 일이다.

스스로 생각하고 행동하는 섬 아베

생각과 말, 행동이 일치하는 사람을 보면 기분 좋다. 아마초 야마우치 정장은 자주 이런 말을 한다.

"이 섬에 필요한 사람은 평론가가 아니라 실천가다."

섬의 과제에 대해 고민만 하거나 말만 하는 사람 말고, 스스로 할 수 있는 일을 하나씩 해 나가는 사람이 필요하다는 말일 것이다.

그 실천의 하나라는 측면에서 나는 요즘 아마의 물 연구를 돕고 있다. 아마는 외따로 떨어진 작은 섬이지만 담수가 풍부한 곳이다. '덴가와노 미즈天川の水'라고, 쇼와 시대에 제정된 일본 명수 백선 중 하나로 선정된 샘터가 있을 정도다. 아마의 물이 훌륭하다는 건 틀림없는 사실이다. 그런데 이 물이 어디서부터 온 걸까, 어느 날 그런 의문이 들었다. 가령 아마초 지하에 있는 거대한 물병 속 물을 조금씩 뽑아 쓰는 식으로 유한한 것인지, 아니면 내리는 빗물이

조금씩 모여 그것을 순환해서 쓰는 식으로 지속가능한 것인지, 우리가 쓰고 있는 물에 대해 지금껏 알려진 게 없기 때문이다.

같은 오키 군도 안에서도 물 사정은 섬마다 다 다르다. 지하수를 쓰는 섬도 있고 댐을 이용하는 섬도 있다. 게다가 우리가 가진 물이 유한한가 무한한가에 따라 아마의 미래는 크게 달라진다. 만에 하나 유한한 것이라 해도 괜찮다. 그 사실을 알고만 있으면 물이 고갈되기 전에 조금씩 대책을 마련해 갈 수 있으니 말이다. 우리의 미래에 생길 문제를 능동적으로 살펴보고 그에 대응해 움직이는 것. 이것이 지속가능한 사회에 필요한 관점이라 생각한다. 그래서 현재 아마초는 지하수에 정통한 도쿄대 대학원 도쿠에이 도모치카德永明祥 교수와 대학원생 쿠사노 유키코草野由貴子 씨에게 부탁해 아마의 수자원 조사를 진행하고 있다.

그리고 또 하나 우리가 주력하고 있는 분야는 아마초의 자연 에너지 도입에 관한 문제다. 에너지 문제는 현대 일본의 가장 중요한 미래 과제 중 하나다. 2011년 3월 11일 동일본을 강타한 지진해일, 그리고 그것과 관련된 원자력 문제 때문에 사회적으로 원전 반대 움직임이 거대해지는 추세다. 물론 원자력 발전이 좋다고 생각하지는 않는다. 그러나 데모에 참가하거나 조직을 크게 키워 원자력 발전을 멈추게 하는 실천 방식을 택하고 싶지는 않다. 그보다는 여기서 우리가 할 수 있는 일, 원자력 발전 대신 선택할 수 있는 에너지에는 어떤 것이 있을지 아마를 통해 그 대답을 사회에 제시해 보기로 한 것이다.

아마로의 자연 에너지 도입이 전적으로 우리 힘만으로 움직이고 있는 건 아니다. 예전부터 여러 섬사람들 사이에서 검토되던 일이었다. 아마는 '환경경영학회' 종사자를 섬으로 초청해 의견을 교환했다. 환경경영학회란 공학, 경영학은 물론 그 외 관련된 제반 학문을 총합해 지속가능한 환경 경영을 모색하는 곳이다. 그 결과 아마의 관공서에 환경 관련 부서가 생겼다. 나는 그 부서에서 섬 안팎 관계자들을 조정하는 창구 역할을 하고 있다.

현재 아마를 비롯한 오키 군도 안 모든 섬은 화력 발전에 의존하고 있다. 즉 필요한 전기 에너지를 화석 연료에 의존하고 있다는 뜻이다. 석유 고갈과 가격 급등에 대한 이야기가 만연한 가운데, 100년 후 화석 연료에 의한 에너지 발전이 지속될 수 없으리란 건 불을 보듯 뻔하다. 그럴 때를 대비한 선택지를 들여다보니 시마네 현 원자력 발전소와 섬을 연결할 해저 케이블을 설치하겠다는 구상안도 있었다. 하지만 역시나 그 구상안을 선택하고 싶지는 않다.

그러니 지속가능한 사회를 추구하려면 지금부터라도 자연 에너지 도입의 가능성에 대해 모색할 필요가 있다. 게다가 아마에는 전력을 공급해 주는 발전소가 없다. 이웃 섬의 발전소를 이용하고 있기 때문에 긴급 재해 시의 대책 면에서도 최소한의 에너지 확보가 필요한 상황이다.

아마초가 지속가능한 사회를 지향한다는 깃발을 내건 이상, 에너지 문제에 있어서도 한발 앞을 걷는 선택을 했으면 하는 바람이다. 지금까지 아마는 인력이나 산업 측면에서 지속가능한 사회 만들기를 해 왔다. 여기에 에너지에 관한 시점 하나가 더 추가된다면 지속가능한 사회의 모델로서 아마의 가치가 더 올라가게 되리라고 본다. 즉 자연 에너지 모색은 섬을 매력적인 곳으로 만드는 데에도 가치 있는 활동인 셈이다.

지금은 시찰 등으로 정보를 축적하고 있는 단계로, 섬의 에너지 발전이 자연 에너지 쪽으로 움직이기 시작한 지는 정말 얼마 되지 않았다. 그러므로 지금 당장 섬의 모든 에너지를 100% 자연 에너지로 충당하지 못한다 해도 상관없다. 만일 우리가 100년 후의 실현을 염두에 두기로 한다면 1년에 1%씩 그 목표에 가까워지면 된다. 생각만 하고 있는 0%와 조금씩 실천하는 1%는 전혀 다르기 때문이다. 앞으로 이런 자세를 섬사람들과 만들어 가는 것. 그것이 지속가능한 사회의 에너지 문제에 있어 크게 내딛는 한 걸음이 되어 줄 것이다.

진심으로 소통하기 아베

섬에 들어와 메구리노와를 창업한 뒤 종종 미디어에서 취재 의뢰가 들어왔다. 지역 만들기라는 것이 사회적인 주목을 끌고 있기도 했거니와 우리가 젊다는 것, 혹은 대기업 도요타를 그만두고 아마에서 창업했다는 내 에피소드도 그 요인 중 하나였지 싶다. 그러나 우리는 그런 의뢰를 다 거절했다. 아직 우리가 나설 시기가 아니라고 생각했기 때문이다.

메구리노와는 아마의 매력을 섬 밖으로 전하는 일을 하는 회사다. 미디어에 나와 지명도를 높이는 것은 사업 기회를 넓히는 데 도움을 줄 수 있다. 달리 말한다면 사업 기회를 넓혀 가지 않으면 회사는 존망의 위기에 직면할 수도 있다는 말이 된다. 그럼에도 우리는 그런 의뢰를 계속 거절했다. 아무리 훌륭한 미디어라 하더라도, 아마와 아마 사람을 모르는 자가 TV나 신문에 나와 아마 이야기를 한다면 기분이 나쁠 거라고 생각했다. 단순히 그런 생각 때문이었다.

당연한 말이지만, 우리가 그런 판단을 내리게 된 건 창업 멤버인 노부오카와 다카노의 공통 의사이기도 했고, 내 입장에서 보자면 도요타 시절의 경험 때문이었다. 도요타에서 내가 배속 받은 곳은 생산 기술 분야였다. 작업원의 작업 효율화를 포함해, 공장에서 자동차를 조립하는 생산 라인 개선과 설치가 내 주요 업무였다. 땀 흘리는 작업원 아저씨들과 같은 헬멧을 쓰고 현장에서 일을 해야 하는 자리였다. TV 같은 데서 본 적 있을 테지만, 자동차를 만든다는 건 셀 수 없이 많은 로봇과 작업원들이 컨베이어 벨트로 흘러 들어오는 부품을 조립하는 일이다. 그 생산 라인의 설비 사양을 검토하면서 "로봇을 이런 식으로 움직여 달라"거나 "이런 설비를 만들자"고 작업원들에게 지시하는 것이 내 일이었다.

하지만 작업원들 입장에서는 갑작스레 들이닥친 나 같은 애송이가 이런저런 말을 해도 받아들일 수는 없을 것이다. 가령 그게 우연찮게도 좋은 아이디어였다 해도 말이다. "우리는 하루에 몇 백 번이나 되는 반복 작업을 몇 십 년씩 해 왔다. 너 같은 애송이가 뭘 안단 말이냐!" 이게 실제 현장 분위기다.

현장은 꽤나 살벌한 곳이다. 그리고 그게 또 당연한 곳이기도 하다. 도요타 작업 현장은 고도로 관리된 공정 속에서 높은 품질을 추구하는, 숙련도가 필요한 작업을 하는 곳이다. 현장에는 그 현장만의 룰이 있으며, 매뉴얼이 아닌 부분까지 포함해 작업원 아저씨들이 그 모든 것을 지탱하고 있기 때문이다. 냉엄한 현장에서 인정받기 위해서는 어떻게 해야 할까? 행동으로 보여줄 수밖에 없다. 작업원들이 그리 하듯, 몸으로 보여줄 수밖에 없다.

그래서 나는 공장 라인이 멈춘 시간에 내 개선안을 몇 번이고 반복해 연습했다. 정말로 이 아이디어가 현장 라인을 개선할 수 있는지 검토한 후에야 작업원들 앞에서 실제로 시연했다. 그런 다음에라야 말할 수 있다. "내가 말하고 싶었던 건 이 작업 부분이고 이 개선안을 쓰면 확실히 이런 식으로 효율이 오른다"고 말이다. 그러고 나서야 비로소 현장은 "뭐, 나쁘지는 않군" 이런 분위기가 된다. 그러면 이제 "자, 이렇게 한번 가봅시다!"라는 말을 할 수 있게 된다.

현장을 제대로 이해하고 같은 시선에 서야만 대화를 할 수 있다. 이것이 현장의 마음을 움직이는 규칙이라는 것, 더 나아가서는 지녀야 할 마음 자세라는 걸 도요타에서 배웠다.

프로젝트가 끝날 때마다 현장 아저씨들과 종종 술 한 잔을 나누었다. 그렇게 점점 사이가 좋아지기 시작하면서 아저씨들에게 혼나는 횟수도 점차 줄어들었다. 같은 방향을 향해 나아가고 있다는 파트너 의식도 생겨났다. 내가 회사를 그만두고 난 뒤에도 현장 아저씨들은 종종 전화나 메일로 연락한다. "네가 만든 라인이 어찌나 상태가 좋은지 전혀 멈출 생각을 하지 않아. 덕분에 쉴 시간이 생겨서 전화 했어"라며 기쁜 소식을 전해 주고는 한다. 나는 이렇게 형성된 관계가 최고라고 생각한다.

도요타에서의 이런 경험 때문에 아마에 들어와 창업할 때도 아마 그 자체에 제일 먼저 집중했다. 밖으로 발하는 메시지는 그 다음이어야 했다. 때문에 2~3년 정도는 철저히 관계 만들기에 매진하자고 생각했다. 그래서 우리는 아마 이외의 것에 신경을 빼앗기지 않고자 했고, 미디어에도 나가지 않겠다고 단단히 맹세했다.

섬으로 이주하고 창업한 이후 이웃에 인사는 물론, 마을 행사 돕기부터 일상적인 청소, 그리고 술자리에도 적극적으로 얼굴을 비췄다. 아마 사람은 술에 강하다. 한번 마시기 시작하면 놀랍게도 아홉 시간 코스로 술자리가 이어지기도 한다. 그리고 당연하게도 술자리의 대부분은 별 것 없는 이야기로 채워진다. 원래 술자리란 게 별 것 아닌 이야기를 늘어놓으며 즐기는 자리니까 말이다.

하지만 그런 술자리에 몇 번이나 나가다 보면 마지막 10분 정도 쯤에, 누군가 술이 확 깰 정도로 무척이나 좋은 이야기를 하기도 한다. 귀가 번쩍 뜨여 "지금 뭐라고 하셨어요?" 되묻다 보면 거기서부터 또 술자리에 불이 붙어 아침까지 이어지고 만다.

술자리란 게 그런 거 같다. 취해 가며 나누는 별 것 아닌 이야기 속에 인간으로서 소중한 무언가를 조금씩 교환하는 자리. 그런 시간을 몇 번이고 반복해가며 서로 간에 생길 수 있는 마찰을 조금씩 줄여 가는 자리.

1년 정도 이런 생활을 반복하는 동안 서서히 내게 섬사람들이 다가왔다. "네 이야기를 들려 달라"는 말도 자주 듣게 됐다. 그리고 물론 취한 상태이기는 했지만 "나는 아베 군이 한다면 무조건 따라갈 거니까"라고 말해 주는 사람도 생겼다. 그럴 때마다 뭉클했다. '여기 있어도 좋다'는 것이 가슴으로부터 전달되기 때문이다. 도요타의 현장, 그 아저씨들이 가르쳐 준 것과 같은 감동이었다.

섬의 일을 돕고, 거기 사는 사람들과 마음을 나누며, 그곳에서 우리의 일을 만들어 가는 것. 진정으로 섬과 마주한다는 것은 이런 일의 반복이다. 그리고 이런 과정이 있은 다음에야 비로소 섬 밖을 향해 우리가 하고 있는 일에 대해 말해도 좋을 것이다. 그래야만 우리만의 이익이 아닌, 섬사람들의 공익에 도움이 될 말을 할 수 있을 테니까.

외부 사람인 우리가 무언가를 하고 싶다면 머리로만 생각해서는 안 된다. 생각한 것이 살아 움직일 수 있게 하려면 섬사람들, 지역에 뿌리박고 있는 사람들과 소통해야 한다. 그런 다음에야 비로소 우리의 생각이 생명을 받아 살아날 수 있기 때문이다. 이것이 지역 만들기에 종사하는 사람이 가져야 할 마음가짐이자 예의일 것이다.

순환하는 프로세스 투어리즘 노부오카

메구리노와의 '이익 창출을 통해 배운다'는 기본자세도 그러하지만, 우리가 행사를 만들면서 가장 중요시하는 것은 참가자와 발신자, 그리고 협력자가 제대로 순환되고 있느냐 하는 것이다.

이런 생각을 하게 된 이유는 간단하다. 어떤 행사를 기획하거나 외부와 소통하는 역할을 하는 발신자가 오직 그 역할에만 치우쳐 있다는 게 그리 좋은 것만은 아니기 때문이다. 웹 제작 회사에 근무할 때 종종 그런 상황과 만났다. 만드는 쪽이 메시지 발신 쪽으로만 치우쳐 있다 보면 오직 그 일 자체로 바빠져 '업무적 혹은 사무적'이 되고 만다. 그러다 보면 본래 추구하던 것이 재밌는 것을 만들어 보자는 예술적인 마인드였음에도 불구하고 사무적인 마인드로 퇴색하고 만다. 자질구레한 일상 업무로 변질되고 마는 것이다. 그렇게 되면 만드는 과정을 즐길 수가 없고, 상대방에게도 '기성의 것'을 제공하는 것으로 끝나고 만다. 그 결과 발신자의 창조물을 통해 참가자가 재창조할 수 있는 여지도 최소한으로 줄어들고 만다.

메구리노와의 일도 마찬가지다. 아마를 알리겠다고 그저 단순한 체험 관광 같은 걸 패키지로 만들어 일방적으로 제공해 버리면 웹 페이지 제작의 사무적인 일상 업무와 다를 바 없다. 행사 참가자 입장에서도 일회성의 관광 투어가 돼 버리기 때문에 '아마의 진정한 팬'을 창조하겠다는 본래 목적을 달성하기 어려워진다.

"일부러 시골까지 와서 창업했는데 그러면 재미없잖아?"

아베도 나도 다카노도 다 같은 생각이었다. 메구리노와는 돈을 벌면서 배우는 아마의 회사다. 때로는 발신자로, 때로는 참가자로 모두와 함께하는 행사를 만들고 싶다는 게 우리 생각이었다. 그리고 우리 행사에 참가자로 관여한 사람들도 때로는 협력자, 때로는 발신자가 되어 주길 바라고 있다. 이런 순환이 생겨나야만 메구리노와의 행사가 투어 패키지를 넘어서는 가치를 발할 수 있다고 생각하기 때문이다.

나는 참가자, 발신자, 협력자가 순환하는 시스템, 투어의 진정한 모습을 응용해 만든 우리의 행사를 '프로세스 투어리즘'이라 부르고 있다. 아마 왜건을 예로 들어 본다면, 아마 왜건으로 투어 참가자가 된 사람들은 우리와 함께 투어 프로세스를 만들어 가는 협력자이기도 하다. 말하자면 이런 거다. 투어 중에 섬의 생산자들과 대화하는 시간이 있을 때면 참가자들은 다양한 시점에서 대화를 만들어 가는 협력자가 된다. 그리고 섬사람들에게 섬 밖의 관점을 제공하는 역할도 해준다. 때로는 행사에 필요한 물품을 함께 만들기도 하고 때로는 함께 요리도 한다. 우리는 참가자를 수동적인 존재로 보지 않는다. 우리가 만드는 행사에는 참가자가 능동적으로 관여할 수 있는 프로그램이 많이 포함되어 있다.

함께 행사를 만들어냈다는 성취감과 추억을 공유하다 보면 놀라운 일도 생긴다. 참가자들 중 "나도 아마에서 뭔가 하고 싶다"며 발신자로서 손을 들고 나오는 사람도 생기기 때문이다. 참가자였던 사람이 협력자가 됐다가 발신자도 될 수 있는 것이다. 우리 역시 마찬가지다. 행사의 참가자도 되고 협력자도 된다. 그 행사를 통해 이런저런 것을 배워 간다. 그렇게 새로운 유대 관계가 만들어지는 것이다.

순환이 발생하는 행사의 성공 여부는 참가자들이 행사 안에서 진화하는 과정을 느낄 수 있느냐 없느냐가 결정한다. 그것을 위해 발신자인 우리가 해야 할 일은 뭘까? 발신자는 참가자를 끌어당기는 매력을 만들어 내야 한다. 더 나아가 함께하는 데 방해가 되지 않도록 낮은 문턱을 만드는 것도 매우 중요하다.

참가자가 계속 참가자인 채로 진행되는 행사도 매력 없거니와, 협력자가 계속 협력자인 채로 존재할 수밖에 없는 행사도 운영상 좋다고는 할 수 없다. 행사나 사업에서 중요한 것은 참가자에게 협력자가 될 수 있는 동기를, 협력자에게는 발신자가 될 수 있는 기회를, 더 나아가 발신자에게는 참가자가 될 수 있는 유연성이 동시에 주어져야 한다는 것이다. 그래야 순환할 수 있기 때문이다.

이렇게 발신자와 참가자, 협력자가 순환하게 되면 그곳에 있는 모든 사람이 행사를 통해 바람직하게 성장할 수 있다. 이런 순환의 탄생은 지역에 있어서도 성공의 계기가 될 수 있다. 타 지역 사람의 입장에서 봤을 때 우리 지역에 필요한 것이 무엇인지 알 수 있기 때문이다. 또한 우리로서는 아무렇지도 않은 것이 타 지역 사람 눈에는 대단한 매력으로 비춰지는 경험을 통해 양쪽 모두 놀라움을 경험할 수도 있다. 이렇듯 우리는 프로세스 투어리즘을 통해 서로에게 배우는 행사를 만들어 갈 수 있다.

섬 음악제를 만들다 노부오카

우리는 2009년 7월 18일부터 2박 3일 동안 '아마 소리海土音'라는 음악제를 개최했다. 프로세스 투어리즘 색이 짙은 이 행사는 민속 악기 뮤지션 이리에 노리오江規夫 씨와 만나면서 시작되었다.

도쿄에 거주 중인 노리오 씨는 칼림바나 젬베 같은 아프리카 악기, 오키나와 음악에서 자주 접하는 샤미센 등을 연주하며 일본 민요를 부르는 뮤지션이다. 민속 악기의 따뜻함이 느껴지는 연주는 물론 부드러운 노래 소리까지 그는 정말 멋진 뮤지션이다. 그래서 아마에 오기 전 종종 그의 라이브를 보러 다니고는 했다. 그러다가 '언젠가 기회가 되면 뭔가 재밌는 일을 함께 해 보자'는 말을 나누는 사이가 됐다.

창업하자마자 아마 특산물 판매 홈페이지를 맡게 됐는데, 특산물을 판다는 게 쉬운 일이 아니었다. 뭔가 좋은 방법이 없을까 고민하던 중 번득 한 가지 아이디어가 떠올랐다. '아마를 좋아하는 도쿄 뮤지션에게 판매를 부탁해 보는 건 어떨까?' 그때 제일 먼저 떠오른 얼굴이 노리오 씨였다.

아마에서 도쿄로 특산물을 팔러 간다 치면, 출장 경비로만 10만 엔 정도가 든다. 그렇다면 뮤지션과 월 5만 엔에 계약해 그 사람이 공연할 때마다 아마의 특산품을 라이브 관련 상품으로 파는 쪽이 더 낫지 않을까 싶었다. 단 한 번의 이동으로 10만 엔을 쓰는 것보다 그쪽이 훨씬 효율적일 것 같았다.

음악이 아마와의 만남을 이어주는 매개체가 된다는 것, 더 나아가 그것이 민속 악기를 연주하며 민요를 부르는 노리오 씨를 통해서라면 더할 나위 없으리라 생각했다. 곧바로 노리오 씨에게 연락을 했다. 기획 내용을 이야기하자 그는 흔쾌히 수락해 주었다.

이런 발상, 이런 과정을 통해 라이브에서 특산물을 판매한다는 기획이 시작됐다. 도쿄에서 행하는 아마 카페 행사에 노리오 씨의 라이브 퍼포먼스가 덧붙었고, 그 자리를 빌어 아마의 특산물을 판매하기 시작했다. 즉 도시 뮤지션이 섬을 알리는 발신자가 되어준 것이다. 아마 카페에서 노리오 씨는 아마와 연관된 노래를 불렀고, 섬 생활에 대한 이야기를 나누며 행사 참가자와 친분을 쌓았다. 그리고 '이왕 하는 김에 아마의 음악을 만들어보자'는 이야기가 나왔다. 그렇게 만들어진 것이 '아마의 바람 노래'라는 노래였다.

노래가 만들어지고 나니 섬사람들에게도 꼭 들려주고 싶었다. 섬 밖에서는 아마 카페에서 연주했고, 섬 안에서는 발표회를 겸한 음악제를 열기로 했다. 그렇게 탄생한 것이 2009년 7월 19일에 개최된 섬 음악제 '아마 소리'였다.

섬 밖의 사람들과 섬 안에서 음악제를 만든다는 것. 음악을 통해 새로운 유대를 만들고 싶다는 생각을 가슴에 품고 섬사람들에게 행사 개최에 대해 알리기 시작했다.

그러나 섬사람들 사이의 평가는 우리 예상과는 달리 그리 좋지 않았다. 물론 부정적인 느낌까지는 아니었지만, 어딘가 '외지 사람이 자기 마음대로 뭔가 하기 시작했다'는 반응이었다. 음식 문화제를 마친 후 1년 정도 섬에 관련된 이런저런 일을 해 오던 상황이긴 했지만 섬사람들과 아직 그렇게까지 깊은 관계를 맺지 못하고 있던 터였다. '너무 일렀던 걸까?'라는 느낌을 받았다.

당시 우리는 조금씩 아마 사람들과 친분을 쌓아가는 정도였다. 그랬기 때문에 이런 행사에 참가해 주는 섬사람들 중에는 우리에 대해 아는 쪽보다 모르는 쪽이 더 많았다. 그러니 그들이 우리에 대해 '어쩌다 이름은 들어 봤지만 도대체 뭐 하는 사람인지 모르겠다'고 생각하는 건 극히 자연스런 반응이었다. 아마 소리를 계기로 섬사람들과 좋은 관계를 만들 수 있기를, 그런 마음을 담아 음악제를 개최하기로 했다.

아마의 젊은 밴드와 함께, 섬과 친숙한 작곡가 마쓰우라 신고 松浦伸吾 씨도 참가 뮤지션으로 달려와 주었다. 마쓰우라 신고 씨는 오키 자연 마을이 운영하는 '섬 자연 즐거운 학교'에서 음악 선생님을 했다. 대외적으로도 음악제에 대해 알리기 시작했고, 도쿄와 관서 지방에서 사람을 모으는 '아마 소리 투어'도 기획했다.

그리고 드디어 맞이한 아마 소리 개최 당일, 투어 참가자들이 협력자가 되어 라이브를 위한 음향 설비를 세팅했다. 공연 시간이 가까워지자 공연장으로 꾸민 '해바라기 복지관'에 섬사람들이 차례차례 모여들기 시작했다. 조그만 아이들부터 노인들까지, 섬사람들의 모습이 그곳에 함께했다. 속속 찾아드는 사람들로 공연장은 채워졌고, 두근거리는 마음과 함께 라이브 공연은 시작됐다.

노리오 씨는 여러 민속 악기를 관객에게 나눠주며 모두가 음악을 만들어가는 장면을 연출했다. 본 적 없는 민속 악기에 흥미진진한 아이들, 그리고 어른들이 각자의 방식으로 악기를 연주했다. '한꺼번에 이렇게나 많은 소리가 나는데 그게 음악이 될까?' 다들 그렇게 생각했겠지만, 그 소리들이 모여 자연스레 하나의 음악이 되어가는 신비로움을 음악제에 참가한 모두가 느낄 수 있었다.

이어서 등장한 마쓰우라 씨의 노래와 연주에 객석에서 따뜻한 응원과 함성 소리가 시종일관 터져 나왔고, 아마의 젊은이들로 구성된 밴드가 연주하자 공연장 분위기가 후끈 달아올랐다. 그렇게 음악제는 무사히 막을 내렸다.

아마 소리는 섬 밖의 뮤지션과 관객, 그리고 섬사람들이 참가자, 협력자, 발신자가 되어 만들어 낸, 프로세스 투어리즘 음악 이벤트로서 대성공을 이루었다. 그리고 섬 밖 사람들로부터 큰 호평을 이끌어냈다. 아마라는 장소였기에 가능한 음악의 형태를 만날 수 있었다고 다들 감동했다.

하지만 섬사람들 입장에서는 섬 안에서의 축제였음에도 불구하고 '섬 밖의 사람들이 만든 축제'라는 인상이 강했던 것 같다. 아직 우리가 섬에 녹아들기 전이었다는 이유도 있었으리라. 아무튼 섬 안의 축제로 즐겨주기를 바라기에는 조금은 성급했던 게 아닌가 싶다.

그러나 재밌었다거나 앞으로가 기대된다는 감상을 해준 섬사람들도 많았다. 다음으로 이어질 기대감을 섬사람들이 가져준 것 같아 그것만으로도 기뻤다.

그리고 반년 후, 재밌는 일이 일어났다. 비록 섬 안의 축제까지는 되지 못한 행사였지만 아마 소리에서 공연한 사람들에게 '아마의 바람 노래'가 호평을 받아 CD로 발매됐고 아마의 기념품 가게에서 판매되기 시작한 것이다. 또한 이듬해 황금 연휴 때 아마에서 개최된 풋살 대회에서 '아마의 바람 노래'가 연주되기도 했다.

밤의 교류 행사 공연에 노리오 씨를 초대했는데, 아마의 젊은 밴드 멤버 중 한 명과 함께 그 곡을 불렀던 것이다.

나는 그 음악제가 실패라고 생각했었다. 그러나 반년 이상 흐른 다음에도 음악은 섬사람들의 마음속에서 계속 울리고 있었다. '우리가 만든 것이 섬사람들에게 제대로 가 닿았구나.' 그 공연을 보며 나는 감동하고 말았다. 아마 소리 개최 당시에는 보이지 않았던, 작고 소중한 프로세스 투어리즘의 성공을 우리는 1년 후 풋살 대회 공연에서 만날 수 있었다.

외딴섬 발신, 전국으로 노부오카

2012년 12월 10일부터 12일까지 섬에서 '아마와 대지를 지키는 사람 투어'를 진행했다. 투어를 위해 우리는 '대지를 지키는 모임' 회장인 후지타 가즈요시藤田和芳 씨를 섬에 초청했다. 참가자와 함께 아마의 음식을 맛보고, 명소를 둘러보고, 농사일과 대나무 숲 일을 함께 하며, 지금껏 아마가 해 온 도전, 그리고 섬에 남아 있는 전통 문화를 함께 느껴보자는 취지의 투어였다.

후지타 가즈요시 회장은 일본 최초로 소비자와 직접 연결된 제철 유기농 채소 택배 사업을 시작했다. 그리고 '100만 명의 캔들 나이트(전기를 끄고 촛불을 켜는 밤)' 운동본부의 대표도 맡고 있다. 이전부터 아마의 지역 활성화 과정에 관심을 가지기도 했다. 그래서 아마의 현재 모습을 함께 느껴 보고자, 우리 쪽에서 연락을 한 것이었다.

투어 일정 중 후지타 회장과 야마우치 정장의 대담도 있었다. 대담의 주제는 '지역 활성화 X 1차 산업=남기고 싶은 것을 스스로 지키기 위해서'였다. 그리고 우리는 그 대담을 인터넷 방송인 유스트림 채널을 통해 전국으로 내보냈다.

또한 오프라인에도 거점을 만들었다. 카페의 협찬을 받아 프로젝터 같은 기재를 들여왔고, 마치 축구 경기를 단체로 관람하듯 대담을 공유할 수 있게 했다. 관동, 관서는 물론, 북으로는 홋카이도, 남으로는 규슈 등지에서 같은 프로젝트를 진행했다. 그리고 지역별 각 거점을 스카이프로 연결해 쌍방향 소통을 했으며 카페에서는 아마의 식재료를 사용한 요리를 제공했다. 이렇게 아마 또는 지역 사회에 대한 관심을 공유하는 사람들이 한 자리에 모여 아마의 음식을 먹으며 그 대담을 볼 수 있게 했다.

섬과 섬 밖을 연결시킨 환경을 전국적으로 전개할 수 있었다는 것. 이런 이유로 '아마와 대지를 지키는 사람 투어'는 메구리노와의 미디어 만들기 측면에서 중요한 행사가 되었다.

아마 사람과 투어 참가자로 꽉 찬 대담장, 2시간에 가까운 대담 중 후지타 회장은 북이탈리아를 여행하며 농가 사람과 나눈 대화를 인용하며 지역과 식문화에 대해 이런 이야기를 했다.

"저는 아마초에서 슬로푸드의 원형을 봤습니다. 슬로푸드란 그 땅의 전통 식문화와 식재료를 다시금 바라보자는 운동입니다. 로마에 맥도날드가 매장을 내려고 할 때 북이탈리아 농민이 거칠게 반대했던 것이 그 시작이었습니다. 농민이 반대한 이유는 지역의 식문화를 지키기 위해서였습니다. 원래 식문화라는 건 생산자와 가공업자, 그리고 소비자의 지원이 있어야만 지킬 수 있는 것입니다. 즉 먼저는 재래종 소나 돼지, 포도 같은 식재료부터 시작해서, 햄, 소시지 같은 가공기술이나 포도주 제조의 전통기술 같은

걸 지키지 않으면 안 됩니다. 그러나 맥도날드가 매장을 내고 소비
자를 빼앗아가기 시작하면 식문화의 연결을 전부 잃게 되고 맙니
다. 가공업자가 도산하고 식문화는 사라지고 생산자가 살고 있는
지역마저 파괴되는 것이지요. 사실 식문화의 본질은 지역이 뒷받
침하고 있는 것입니다. 그러므로 식문화와 지역을 지키기 위해서
는 지역 스스로가 생산자와 가공업자, 그리고 소비자의 관계성을
얼마나 강화시키느냐가 중요합니다."

이 말을 받아 야마우치 정장은 그간 아마초가 해 온 노력에 대
해 이야기했다.

"1차 산업의 재생을 위해 지역에 있는 것의 가치를 발견하는
것이 중요하다고 생각합니다. 그를 위해 아마초는 다양한 시도를
해 왔습니다. 아침 시장을 개최했고 아마의 현관인 히시우라 항구
의 긴냐모냐 센터 직판장에서 지산지소를 활성시켰습니다. 그 결
과로 현재 학교 급식 식재료의 지역 자급률이 60%를 넘어섰습니
다. 시마네 현에서는 최상위에 속하는 수치지요. 생산자의 협력을
얻어, 지역의 것을 사용하고 소비를 확대하는 협력 체계를 만들어
가는 중입니다."

대담이 끝날 무렵에는 대담장에 참석한 아마 주민이 이런 말
을 했다.

"아마초가 살아남기 위해 노력하겠습니다. 오늘 이렇게나 많
은 분들이 와 주신 것은 미래를 위한 아마초의 노력에 대한 선물입
니다. 감격했습니다."

그렇게 대담은 깊은 의미를 남겼고, 우리는 섬사람들과 하나
가 되어 대담을 즐길 수 있었다.

유스트림 중계를 준비하면서 우리는 그저 단순히 '유스트림이라는 신기한 것이 있기에 써 봤다'는 식이 되어서는 안 된다고 생각했다. 그래서는 도시에서 하고 있는 것과 다를 바 없기 때문이다. 우리는 새로운 기술을 사용해 지역으로서 가장 의미 있는 것을 해 보고 싶었다.

그래서 먼저 우리는 현장 투어를 모집해 소비자와 생산자를 연결시키는 상호 이해의 장을 제공했으며, 유기농 채소와 먹을거리의 가장 선두에서 활약하고 있는 후지타 회장을 아마로 불렀다. 그러나 섬에서의 교류는 지리적 제약에 의해 한정된 사람들만의 것이 될 수밖에 없다는 한계가 있었다. 그래서 유스트림이라는 인터넷 방송 매체를 수단으로 사용하기로 했다. 더불어 유스트림으로 대담을 방송하기로 한 카페에 식재료를 제공하여 아마의 식재료 유통망에 대한 인식 확대도 동시에 진행했다.

우리는 지역발^發 지역 기획 미디어의 의미를 보여주고 싶었다. 지역에서도 최첨단 미디어 발신을 할 수 있다는 것을 작은 규모로나마 제시하고 싶었던 것이다. 이를 통해 우리는 후지타 회장이 언급했던 생산자와 소비자의 관계성 강화를 이루어냈고 상호 이해를 넓힐 수 있었다. 그저 유행하는 것을 써 보고 싶었던 게 아니라, 어디까지나 이 행사의 상호작용을 최대화하기 위해 유스트림을 활용한 것이다. 바로 이 점이 이 행사의 가장 큰 가치이자 우리가 만들어 낸 새로움이었다.

섬사람 이야기 6

야마우치 미치오 山内道雄

1938년 아마초 출생. NTT 통신기기 영업지점장 등을 거쳐 1955년 아마초 의원으로 당선, 재선에서는 의장으로 취임했다. 2002년 정장으로 당선된 이후 현재 3선째 정장직을 수행하고 있다. 행정과 재정에 대한 대담한 개혁, 지역 자원을 활용한 전략으로 섬 부흥을 위해 분투하고 있다. 시마네 현 섬 진흥 협의회 회장, 전국 섬 진흥협의회 부회장을 역임했다. 현재는 민관 합동 법인 주식회사 고향 아마의 사장을 겸임하고 있다.

지역 재생을 위한 아마의 도전은 재정 파탄의 경제 상태에서 시작됐다. 야마우치 미치오 정장을 중심으로 한 직원들은 자주적으로 월급을 삭감했고 그 잉여 자본으로 산업을 일으켰다. 그러자 굴 양식 사업 등 몇몇 사업이 화제를 불러 모아 전국에서 사람들이 찾아오기 시작했다. 외지 사람을 받아들이는 아마 사람들의 성향도 성공을 불러온 요인이 되었다. 아마는 약 2300명의 주민 중 이주자가 10%가 넘는 섬이 되었고, '외지 사람, 젊은이, 바보'라는 키워드로 지역에 새로운 힘을 불러일으키는 데 성공했다. 지금의 아마에 대해 어떻게 생각하는지, 야마우치 정장에게 솔직한 이야기를 들어보았다.

새로운 바람이 불다

아마로 들어오는 귀촌인은 도시 생활에서 도망치듯 떠밀려 온 사람들이 아니라 적극적인 자세로 들어온 사람들입니다. 귀촌인 수가 눈에 띄게 늘어나기 시작한 무렵, '아마는 귀촌인만 중시한다'는 일부의 비판도 있었지요. 그러나 구체적으로 귀촌인에게 해준 건 아무 것도 없었습니다. 오히려 아무 것도 준비된 게 없다는 게 미안할 정도였습니다. 제도가 있었던 것도 아니고 재정 지원이 있었던 것도 아니었으니까요. 하지만 무슨 까닭인지 자연스럽게 아마에는 적극적인 귀촌인이 모여들었습니다. 바로 이것이 아마의 강점이라고 생각하고 있어요.

물론 마음으로는 귀촌, 귀향 이런 거 상관없이, 진심으로 섬을 대하는 사람에게는 진심으로 응대하며 지원도 해 주고 싶습니다.

하지만 우리는 "보조금을 줄 테니 해 보지 않겠느냐"는 말을 절대 하지 않아요. 그래서는 결코 성공하지 못하기 때문입니다.

프로젝트건 이벤트건 뭐든 하고 싶고, 진심으로 그렇게 생각하는 사람이라면 결국 열의 하나만으로도 성공을 이끌어 냅니다. 돈으로 이끌어 내는 게 아닙니다. 그렇게 믿고 있기 때문에 뭔가 하고 싶다는 사람에게 정보만은 아낌없이 제공합니다. 진심으로 호응하자고 생각하기 때문이지요.

그 중 메구리노와는 아마에 일하러 온 것이 아니라, 일을 만들러 왔다는 것이 가장 큰 특징이었습니다. 처음 만났을 때 '엄청난 걸 생각하는 사람들이구나' 싶었지만 섬에서 먹고 살 수 있을까, 그게 걱정이었어요. 지금도 걱정이긴 하지만 말이죠. 특히 걱정스러웠던 건 섬의 보수성과 화합해갈 수 있을까 하는 것이었습니다. 그러나 그들 스스로 섬사람들 속으로 들어가 섬의 보수적인 분위기를 넘어서는 걸 보고는 놀랄 수밖에 없었습니다.

그 결과 그들이 계획하던 것, 예를 들어 오감 학원 같은 것들은 제 상상보다 훨씬 더 좋은 결과물로 탄생할 수 있었습니다. '교육의 섬으로 만들겠다' '인재 양성의 섬으로 만들겠다'는 슬로건은 행정으로 얼마든지 표명할 수 있지만, 정작 팔을 걷어붙이고 실행할 수 있는 사람이 섬에는 없었습니다. 그 부분을 그들이 해줬다는 것이 섬으로서는 대단히 큰 소득이었지요.

그들의 방식과 족적이 후배 귀촌인들에게 도움을 줄 수 있으리라 생각합니다. 단지 섬 생활을 해보고 싶어 귀촌하려는 사람들 말고, 사회에 대해 무언가 하고 싶다는 열의를 가지고 들어오는 사람들에게 말이지요.

지역에 새로운 바람을 불러일으키기 위해 가장 중요한 요소는 섬 안의 관점을 이해하며 섬 밖의 시선을 가지고 있어야 한다는 점입니다. 메구리노와의 성공 비결은 바로 그 부분을 중요시 했다는 것을 들 수 있어요. 그것이 아베 군, 노부오카 군이 지닌 기본 자세인지도 모르겠지만, 그들의 마음, 시선, 인간성이 지역에 저항 없이 받아들여진 결과라고 생각합니다. 착하다고 할까요. 학자나 공무원 세계에서도 예전엔 그랬지만, 위에서 내려다 보는 시선으로는 지역에 받아들여질 수 없습니다. 시선을 아래에 두고 지역과 융합해 간다는 점이 그들의 대단한 점이지 않을까 싶어요. 포장할 것도 없고 과장의 말을 할 생각도 없지만, 한 사람의 섬사람으로서 그들과 대화하다 보면 뭐 하나 불쾌하다거나 걸리는 부분이 전혀 없으니 말입니다.

아마는 성공한 지역이라 할 수 있습니다. 하지만 이 성공은 작은 것에 불과합니다. 그러나 지론으로 제가 늘 말하듯, 어떤 의미에서 아마는 선진기지입니다. 지역민 감소, 저출산 고령화 등 풀어야 할 지역의 과제를 선취해 그 안에서 작은 성과를 올리고 있기 때문입니다. 그러므로 아마에서 작으나마 성공 사례를 만드는 일은 이후 일본 전체에 있어서도 무언가의 계기가 될 수 있으리라 생각합니다.

처음부터 '일본을 위해'라고 내세울 생각은 없습니다. 하지만 무엇보다 중요한 건, 이 일이 언젠가 반드시 일본을 위한 것이 되리라는 생각을 가지고 추진해 나가는 것이라고 봅니다.

지금 섬에서는 타지에서 들어온 사람의 활약이 두드러집니다. 하지만 앞으로 제가 그려보는 미래는 도젠고등학교 학생들이 섬 선배들을 보고 배워 활약하는 미래입니다. 그렇다고 해도 그 아이들을 섬에서 가르칠 수는 없어요. 도시에서 강한 전력을 갈고닦은 후 아마라는 전선에 들어와 주기를 바라고 있습니다. 이전에 이 지역 출신 대학생 하나가 관공서에 들어오고 싶다고 한 적이 있었어요. 그러나 그건 안 된다고 딱 잘라 거절했습니다. 단지 고향으로 돌아와 관공서에서 일하고 싶다는 마음이 아니라, 아마에서 무언가를 하고 싶다는 강한 마음을 가지고 돌아오길 바랍니다. 전력을 정비하지 못한 상태에서 관공서에 들어가 봤자 어쩔 수 없기 때문입니다. 지역 일꾼으로 키워 낼 시간이 우리에게는 없습니다. 그만큼 다들 온 힘을 다해 지역 활성화를 위해 싸우고 있기 때문입니다.

그러므로 섬 입장에서는 다른 곳에서 기술과 지혜를 습득해 돌아와 주기를 바라고 있어요. 이와모토 군의 말처럼, 아이들이 큰 세계로 나갔다가 다시 아마로 돌아올 수 있는 교육이야말로 앞으로 아마가 내디딜 미래에 필요한 것이라고 생각합니다.

왜냐하면 제가 어렸을 때, 어른들께 "열심히 공부하라"는 말은 들었어도 "고향으로 돌아오라"는 말은 듣지 못했습니다. 이 섬에서 살아갈 방도가 없다고 다들 생각했기 때문입니다. 그러나 아마는 변했어요. 이제는 아마로 돌아와 주길 바랍니다. 무엇 하나 확실한 것을 말할 수는 없지만, 젊은이의 새로운 발상에 기대하는 마음을 품은 섬사람들이 늘어났다는 것만은 확실합니다.

성공한 지역이라 일컬어지는 아마지만 탈피해야 할 일은 여전히 남아 있습니다. 앞으로 어떤 식의 지역 만들기를 해 나갈 것인지, 지속가능한 섬 만들기를 위해 어떻게 하면 좋을지, 해결해야 할 과제는 산더미입니다.

　그런 가운데 섬사람들은 제게 리더라는 자리를 맡겨 주었습니다. 그러므로 어떤 결단을 내려야 할 때, 모든 것이 제 책임이라는 각오로 흔들림이 없어야 한다고 생각합니다. 부하가 성공하면 그것을 칭찬해야 하고 반대로 실패하면 화를 내야겠지만, 마지막 책임은 언제나 제가 집니다. 다음 선거에 대한 것이나 잡스러운 고민에 생각을 빼앗기면 약해지기 마련이지요. 그런 것에 흔들리지 않고 변함없이 앞으로 나아가고 싶습니다. 그런 리더십으로 모든 일에 임하자고 생각하고 있어요.

섬사람 이야기 7

마쓰시마 고스케 松島宏佑

1986년 미야기 현宮城県 시로이시 시白石市 출생. 물리학과 졸업 후 2010년 5월 아마로 이주해 메구리노와에 입사했다. 2011년 동일본 대지진 직후 고향인 미야기 현으로 돌아간 그는 와타리초亘理町, 야마모토초山元町를 무대로 지속적인 복구 지원을 하기 위해 메구리노와 동북 지부를 설립했다. 그 후 2012년 3월 일반 사단법인 '후랏토 호쿠ふらっとほく' 대표 이사로 독립해 현재도 활발히 활동 중이다.

마쓰시마 고스케 씨는 2010년 아마로 이주해 약 1년 동안 메구리노와에서 일했다. 그리고 2011년 3월 11일에 일어난 동일본 대지진 이후, 고향인 미야기 현으로 돌아가 와타리초를 거점으로 미래 지도 만들기를 전개하고 있다. 말하자면 메구리노와의 동북부 지점인 셈이다.

재해 지역의 미래 지도

사단법인 '후랏토 호쿠'에서 활동 중인 마쓰시마 고스케라고 합니다. 지진 피해 지역 주민 분들과 함께 일부 연안 지역의 미래 지도를 만드는 일을 하고 있습니다. 피해지를 둘러보다 보면 지진 피해로 마을의 모든 것을 잃어버린 곳도 많습니다. 지진 재해 복구 단계에 돌입한 이후 '지역을 어떻게 할 것인가' 즉 '해안부를 어떻게 부흥시킬 것인가'가 큰 논점이 되고 있습니다. 그런 상황에서 지역 사람들과 한 몸이 되어 만드는 그랜드 디자인을 제안했고, 그후 지자체로부터 위탁을 받아 활동하고 있습니다.

현재 제가 하는 일은 이렇습니다. 지역 사람들과 만나 정기 워크숍을 열고 있으며, 지역민들과 모여 후세에 전해져야 할 역사와 문화, 전통에 대한 이야기도 듣고 있어요. 실제로 복구 지도를 그리면서 지역에 필요한 것이 무엇인지 함께 의논하기도 합니다. '우리 지역의 부흥을 위해서 뭔가 하고 싶다'는 강한 의사를 가진 지역민들과 만나, 앞으로 지역을 위해 만들어야 할 것들을 논의해 나가는 중입니다. 말하자면 지역 부흥의 심부름꾼 역할을 하고 있는 셈입니다. 그런데 의외인 사실은, 주민이 주체적으로 자치단체와 연계

한 이런 시스템을 다른 곳에서는 찾아보기 힘들다는 것입니다.

우리 손으로 만든 그랜드 디자인을 실제 도시 계획으로 착공하기까지 아직 긴 여정이 필요하겠지만, 미래의 지역 만들기에 그 디자인을 제대로 적용시킬 수 있도록 행정 면에서도 준비하고 있습니다. 그 과정에서 무엇보다 기쁜 건, 참가한 주민들로부터 "앞으로가 기대된다"는 말을 듣게 되었다는 점입니다.

이렇듯 피해지의 희망인 미래 지도 만들기는 조금씩 앞으로 나아가고 있어요. 물론 실제 도시 계획으로 실행되기까지, 앞으로 긴 시간이 걸리겠지만요.

제가 원래 동북부 지방 출신이기 때문에 지역의 폐쇄성에 대해 누구보다 잘 알고 있습니다. 서서히 쇠퇴하는 지역을 많이 봤지요. 그런 배경을 알고 있기 때문에 지진 피해 복구를 어떤 의미에서 '기회'라 생각했습니다.

지역 사회는 지역에서 이어져 온 역사와 전통, 문화를 중시합니다. 그런 지역에 새로운 피로 수혈되어 투입된 외부 사람이 지역의 피와 섞여 들어 새로운 미래를 만들어 가는 가능성에 대해 생각했던 거지요. 그 지역 안에서 사람과 사람을 연결해, 지금껏 없었던 새로운 것이 태어나 주길 바랐습니다. 그것이 지역 부흥과 연결될 수 있기를 기대했습니다.

그러나 활동 초창기에는 지역 분들께 혼도 많이 났습니다. 실제로 "여기서 나가"라든가 "여기 온 이유가 뭐냐? 지진 피해 지역을 이용하러 온 거 아니냐"라는 말을 들을 정도였으니까요. 아무리 깊이 생각한 다음 움직여도 지역 문화와 역사, 이재민이 된 사람들의 마음을 전적으로 이해하지는 못했던 것 같습니다. 바로 그때 메구리노와에서 배웠던 게 정말 큰 도움이 되었습니다.

메구리노와는 외딴섬이라는 특수한 입지 조건 안에 있는 회사이자, 사원 전원이 외지 사람으로만 구성된 회사입니다. 그럼에도 불구하고 메구리노와가 잘해 나갈 수 있었던 까닭은 철저하게 지역민과 함께 걸어가겠다는 자세를 관철시켰기 때문이었습니다. 어떤일이 있건 메구리노와는 늘 지역민들의 목소리에 귀를 기울였고, 그들과 함께 걸으며 공동 투쟁의 자세를 취했습니다. 지역민을 대하는 메구리노와의 이런 자세에서 배운 게 정말 많았어요. 물론 아마 사람들이 지역 활성화를 위한 싸움을 계속해 왔고, 아마가 그런 사회적 토양을 가지고 있다는 것도 한 요인이긴 했지만 말입니다.

동북 지방으로 돌아간 후, 아마가 지닌 지역의 강점을 새삼 강하게 느낄 수 있었습니다. 어떤 일에서건 지역 사람들이 총동원 태세로 임한다는 것이 아마가 지닌 가장 큰 강점이었습니다. 행정기관의 주도로 무언가를 하는 것이 아니라, 어디까지나 지역민들의 생각을 하나로 모아 '상향식bottom up'의 시선으로 모든 일을 해 나갔으니까요. 모두가 하나로 연결되어 있다는 것을 너무나 당연하게 생각한다는 점, 이것이 다른 지역과는 다른 아마의 강점이라 할 수 있습니다.

그리고 메구리노와의 강점은 지역 안에서 지역민들과의 신뢰를 소중히 하며 사업을 전개한다는 점입니다. 그렇게 지역을 만들어 가고 있죠. 이 하나하나의 작은 신뢰가 모여 전체를 구성해 가는 방식이 지역 만들기에 있어 무엇보다 중요하다고 생각합니다. 위에서 무언가를 주도적으로 움직여 일을 진행하는 '하향식top down'이 아닌, 개별의 강한 신뢰를 모아 하나의 커다란 힘으로 키워 가는 것. 그것이 지역 만들기에서 무엇보다 중요한 점입니다.

동북 지방으로 건너온 후, 주민들의 반발을 사며 혼자 고립되어 있던 때를 돌아보면 무의식 중에 지나치게 제 이상만을 중시한 채 달려왔던 것 같습니다. 그래서는 안 되겠다는 생각에 메구리노와에서 배운 것을 상기해 새로운 자세로 프로젝트를 진행했지요. 그러자 프로젝트에 적극 참가해 주는 지역민과 만날 수 있었습니다.

그는 쓰나미 피해를 입은 20대 여성으로, 지역 만들기 같은 데는 전혀 흥미가 없었습니다. 그러나 진지한 대화를 나누는 동안 점차 바뀌어 가는 모습을 볼 수 있었어요. 올 1월, 2월 지속적으로 프로젝트에 참가해 주었고, 지역 사람들에게 프로젝트에 대한 홍보를 하는 등 점차 주체가 되어 도움을 주기 시작하더군요. 그 이후 한 명, 또 한 명 참가자가 늘어 프로젝트가 커질 수 있었습니다. 하나하나의 신뢰를 소중히 쌓아가는 것이 얼마나 큰 물결을 만들어 낼 수 있는지, 그것이 얼마나 중요한 것인지 새삼 확인하는 경험이었습니다.

메구리노와는 제게 있어 하나의 학교였습니다. 메구리노와의 졸업생이라는 심정으로 동북 지역에서 활동하는 동안, 지역 만들기를 하고자 하는 사람에게 메구리노와의 노하우가 얼마나 중요한지 누구보다 깊이 실감할 수 있었습니다.

아마초와 메구리노와는 배움의 보고입니다. 앞으로도 계속 지역 만들기 분야에 있어서 배움의 터가 되어주기를 진심으로 기원합니다.

6장

우리가 만든
섬 학교

메구리노와의 최종 목표인 '섬 학교'란 어떤 것일까? 알기 쉽게 말하자면, 외지 사람을 섬으로 불러들여 섬 그 자체를 이용해 다양한 것을 체험하고 생각하게 만든 다음, 인생의 다음 행보를 발견하도록 도와준다는 게 섬 학교의 기본 구상이다.

학교라는 표현을 쓰고 있기는 하지만, 사실 섬 학교는 하나의 변화의 장이기도 하다. 예를 들어 아메리카 인디언과 접촉한 후 자신의 가치관이 전혀 새롭게 바뀐다거나, 오스트레일리아 원주민 애버리지니^{aborigine}의 식문화를 접한 후 음식에 대한 생각이 완전히 바뀌기도 하는 것처럼, 메구리노와는 스스로의 체험을 통해 자신을 바꾸는 장을 제공하고자 한다.

우리가 이런 확고한 콘셉트를 마련할 수 있었던 것은 오감 학원이라는 프로그램 때문이다. 이야기를 약간 거슬러 올라가 보자. 2008년, 창업하고 얼마 되지 않았을 무렵, 오감 학원의 프로그램에 아마를 접목시켜 보지 않겠느냐는 제안이 우리 쪽에 흘러들었다. 오감 학원의 제창자인 기타무라 산로^{北村三郎} 씨의 제안이었다.

오감 학원이란 이른바 기업 연수의 일종이다. 그러나 기업에서 필요한 일반 지식이나 전략을 배우기 위한 곳이 아니라, 무언가를 알아차리고 느끼는 힘을 고양시키고, 배워서 흡수하는 힘을 키우고자 하는 곳이다. 오감 학원의 가장 큰 특징은 인간의 감성에 접근한다는 점이다. 일이란 일반 방법론만으로 해낼 수 있는 것이 아니다. 뜻을 품고 지역 현장에서 활동 중인 사람과 서로의 생각을 나누고, 오감을 통해 체험하면서 인간의 잠재력을 스스로 높일 수 있다는 것이 오감 학원의 생각이다. 하나의 실패를 통해 많은 것을 배우고, 실패를 이용해 다음의 성공을 이끌어 내는 것은 사업 측면에서 강력한 아군이 되는 동시에 인생을 대단히 풍요롭게 만든다. 오감 학원은 임시변통의 지식이 아닌, 자기 인생 전체를 고양시킬 수 있는 배움을 통해 도시와 지방의 새로운 교류 형태를 만들고자 하는 프로그램이다.

기타무라 씨는 기업 풍토 개선의 전문가로, 오감 학원을 전국 각지에서 개최하면서 비즈니스계에도 널리 알려진 사람이다. 이번 기회에 재밌는 결과를 만들어 낼 수 있다면 메구리노와의 앞날에 커다란 토대가 될 수 있겠다는 생각에 기타무라 씨의 제안을 곧바로 받아들였다. 그리고 프로그램 만들기를 시작하자마자 금세 깨닫게 됐다. 오감 학원 프로그램 만들기야말로 '이익 창출을 통해 배운다'는 우리 회사 사훈에 완전히 부합한다는 걸 말이다.

기업 연수이기 때문에 당연히 강사를 세워야 했다. 물론 강사는 섬사람이어야 했다. 섬에 들어온 지 얼마 되지 않은 무렵이었던 지라 섬의 다양한 사람과 만나 프로그램에 대해 설명하고 어떤 이야기를 할 수 있을지 발로 뛰며 정보를 모았다.

프로그램 만들기도 문제였지만 프로그램 참가자들이 운영진을 어떻게 받아들일지도 전혀 예상할 수 없었다. 더구나 강사로 뽑힌 섬사람들에게 "보통 때처럼 이야기해 달라"고 주문하긴 했지만, 도통 무슨 이야기를 해야 할지 모르는 암중모색 상태로, 아무튼 현재 우리가 만들 수 있는 최선의 프로그램을 짜서 아마 오감 학원을 개최했다. 2008년 11월 26일부터 3일간의 일정이었다. 그 기간 동안 이온 그룹 노동조합원을 중심으로 기업의 인사담당자까지 총 열아홉 명이 섬을 찾아왔다. 솔직히 대기업 사람들이 아마에 와서 뭐가 어떻게 될지, 해 보기 전까지 아무런 확신이 없었다. 아마 사람들이 지닌 인간력에 대해서는 누구보다 확신하고 있었지만 실제 비즈니스에 종사하는 사람들이 어떻게 받아들일지는 완전히 미지수였기 때문이다.

그러나 오감 학원이 시작되자마자 그런 불안은 순식간에 사라졌다. 농업에 40년 이상 종사한 무코야마 아저씨의 이야기나 야마우치 정장의 이야기를 다들 정말 진지한 눈빛으로 들어주었기 때문이다. 강사와 참가자는 서로 간의 대화를 통해 직책이나 입장을 넘어 인간 대 인간으로 마주했다. 그 모습을 보는 동안 아마의 힘을 몇 번이나 재확인할 수 있었다.

그 중에서도 가장 인상적이었던 건 당시 정치망 어선의 어로장을 맡고 있던 다나카 씨의 이야기였다. 다나카 씨는 사실 무척이나 다정한 사람이지만 겉모습은 그야말로 어부의 전형이랄 수 있는 강한 인상이다. 사실 처음에는 나도 무서웠지만 점점 그의 삶의 태도에 이끌리게 됐고, 오감 학원을 계기로 친숙한 관계를 맺을 수 있었다. 내가 다나카 씨에게 요청한 강의는 '생명을 건 정치망 어선의 팀워크를 통해 배우는 조직론'이었다. 즉 우두머리로서의 삶의 태도에 대한 이야기를 들어 보고 싶었던 거다.

현재 기업이 안고 있는 문제 중 하나는 '우두머리로서의 리더의 부재'다. 입사 후 2년을 채우지 못하고 전직하는 요즘 세태의 원인은 뭘까? 물론 입사한 젊은이들의 인내력 부족도 문제가 되겠지만 그 회사에 진심으로 따르고 싶은 리더가 없기 때문은 아닐까. 회사에서 진정한 리더를 발견하지 못하면 필연적으로 애사 정신이 저하된다. 더 나아가서는 기업의 가치마저 떨어질 수밖에 없다. 그런 까닭에 다나카 씨에게 우두머리의 조직론을 들어 보고자 했던 것이다.

다나카 씨는 아마에서 태어났다. 외지에서 일을 하다 아마로 되돌아온 지 벌써 50년이 지났다. 예전부터 일에 있어서만은 누구에게도 절대 지지 않는다는 생각으로 살아왔다.

일례로 그는 예전부터 정치망 분야에서 시마네 현 최고의 어획량을 올리는 사람이다. 정치망 어업이란 말 그대로 어로에 망을 쳐두고 고기를 잡는 방식인데, 다나카 씨가 사용하는 어망은 직접 바다에 들어가 조류의 흐름을 확인한 후 설계한 것이다. 지형이나 기후 등 다양한 환경 요인에 의해 그 바다에 맞는 최적의 어망이 결정된다. 기성품으로는 도무지 환경 요인에 맞는 미세 조정이 어렵다는 게 다나카 씨의 의견이다.

그래서 다나카 씨는 정치망 제조업자를 불러 함께 어망을 만들었고 배도 그에 맞춰 개조했다. 그 결과 당초 완전한 적자를 기록하던 아마의 정치망 어업이 몇 년 만에 흑자로 전환하였다.

이후로도 다나카 씨의 기술 혁신은 계속됐다. 정치망 어업의 가장 큰 적은 거대 해파리다. 삿갓 직경만 2미터, 무려 그 무게가 150킬로그램에 달하는 거대 해파리는 종종 뉴스에 '어업의 독'으로 등장한다. 거대 해파리가 어망에 걸리면 끌어올리다가 그 무게 때문에 어망이 찢어지는 경우도 있다. 힘들게 잡은 물고기를 놓치는 것은 물론, 한 장당 무려 수천만 엔이나 하는 어망을 고치는 데도 막대한 비용이 들 수밖에 없다. 그런 면에서 거대 해파리는 정말이지 어부들에게 골치 아픈 존재다. 바로 이 문제에 다나카 씨가 도전했다.

정치망 내부는 미로 구조로 되어 있다. 어망 안에 들어간 물고기가 출구를 찾지 못하게 하는 것이 정치망의 기본 구조다. 그러므로 다른 물고기와 함께 들어온 거대 해파리 역시 밖으로 빠져 나가지 못하고 어망 안에 남게 된다. 그렇다고 바다 속에 무수히 많은 거대 해파리만을 골라 어망 안에 들어가지 못하게 한다는 건 불가능하다. 그러나 여기서 다나카 씨는 '거대 해파리만 밖으로 빠져나갈 수 있는 어망을 만들면 어떨까'라는 역발상의 아이디어를 떠올렸다.

그렇다고는 해도 거대 해파리만을 자동 판별해 밖으로 내보내는 어망을 어떻게 해야 만들 수 있다는 걸까? 다나카 씨는 흰 막대기를 이용해 물고기를 몰아 한꺼번에 건져 올리는 오키나와의 어업 방식에서 힌트를 얻었다. '물고기는 흰색 물체를 무서워한다'는 가설을 세우고 그것을 정치망에 응용해 본 것이다.

다나카 씨는 먼저 어망에 수 미터 간격으로 틈을 벌렸다. 그리고 그 틈에 흰색 판을 걸었다. 만약 물고기가 흰색 물체를 무서워한다는 가설이 맞다면, 어망 틈이 벌어져 있음에도 불구하고 흰색을 싫어하는 습성 때문에 물고기는 틈을 통과하지 못하고 망 안에 그대로 남게 된다. 그러나 무척추 동물인 대형 해파리는 그런 습성이 없기 때문에 흰 판을 밀고 망 밖으로 나갈 것이라 생각했다. 몇 번의 시제품 제작을 거친 후 다나카 씨는 대형 해파리만을 밖으로 내보내는 새로운 어망을 개발했고, 이후 특허까지 획득했다.

또한 다나카 씨는 자기 아랫사람을 정말 소중히 생각한다. 사무실 벽에 선원 모두의 생일을 적은 종이를 붙여 두고는 생일마다 직접 음식을 만들어 축하할 정도다.

다나카 씨가 증명했듯, 스스로 결과를 만들어 내야만 밑에 있는 사람도 그 결과를 통해 나와 공감할 수 있다. 그리고 아랫사람을 소중히 하는 윗사람은 반드시 회사 전체에서 존경 받는다. 다나카 씨의 이야기가 말해 주는 것은 그런 것들이었다. 온힘을 다해 이야기를 들려주는 다나카 씨에게 진심으로 감사한 마음이 들었다. 그리고 그의 진심은 강의를 듣는 모든 사람에게 고스란히 전달됐다.

이렇게 아마의 첫 번째 오감 학원은 대성공을 이루며 끝을 맺었다. 그리고 이후로도 계속되고 있다. 나는 이 일이 최선을 다하면 다할수록 섬사람들과 섬을 찾아준 사람들에게 기쁨을 줄 수 있는 일이라는 것, 그리고 아마가 주는 가르침 또한 바로 이런 것이라는 확신을 하게 됐다. 또한 메구리노와의 학교 만들기에 대한 자신도 생겼다.

오감 학원이 그저 연수 여행이나 교육 세미나로 그치지 않을 수 있었던 건 섬사람들의 크나큰 정신력 때문이다. 인간으로서 강하고 인간으로서 존경스럽기 때문이다. 섬에서 연수를 열 때마다 섬사람들이 지닌 놀라운 잠재력을 매번 확신하게 된다.

아마의 첫 오감 학원 이후, 무코야마 아저씨는 내게 이런 말을 했다.

"행정 부처가 아니라 자네들이 했기 때문에 좋은 결과가 나올 수 있었던 걸세."

행정으로는 할 수 없었을 일을 우리가 이 섬에서 해냈다는 사실을 실감하게 해 준 말이었다. 창업의 보람을 강하게 느낄 수 있었던 순간이었다.

2010년 10월 1일부터 3일간, '아마 음식 투어'를 개최했다. 아마의 지역 만들기 사업에서 음식은 가장 중요한 테마 중 하나다.

아마 음식 투어를 위해 도시에서 외식 산업에 종사하는 사람들을 초대했다. 아마의 1차 생산자들이 일하는 곳을 방문해 현장을 체험했고, 아마의 고유의 문화, 향토 요리를 접할 수 있는 기회를 제공해 요리 업계와 식재료 생산의 실천가가 서로 시선을 나누며 대화하는 장을 만들었다. 아마의 식재료에 대해 도시 요식업계의 실천가들은 어떻게 느낄지, 그리고 그 속에서 어떤 관계성이 만들어질지, 우리도 큰 기대를 하며 투어 행사에 임했다.

참가 멤버는 다음과 같았다. TV에도 다수 출연한 라면집 멘야 무사시麵屋武蔵의 야토기 지로矢部木二郎 씨, 돼지고기 요리 전문점 미야지 돼지みやじ豚를 운영하고 '1차 산업을 멋있게, 감동 있게, 이익을 창출하는 3D 산업으로'를 구호로 직접 양돈장을 경영하는 미야지 유스케宮治勇輔 씨, 농업 실천 레스토랑 롯본기 농원六本木農園의 초대 셰프 다테노 마치코舘野真知子 씨, 음식 치료사 스기야마 에미코杉山映美子 씨, 프렌치 식당을 경영하는 시마 게이스케嶋啓祐 씨, 시마네현 하마다 항구에서 신선한 해산물을 전국으로 배달하는 인터넷 쇼핑몰 이소마루 본점いそまる本舗의 나가마쓰 사토시長松智 씨 등, 요식업계의 최전선에서 다채롭게 활약 중인 실천가이자 발신자들이 아마 음식 투어에 참가했다.

아마에는 실로 다양한 식재료가 있다. 섬에서 방목해 키운 오키 소, 맑고 투명한 바다에서 길러 안심되고 안전한 먹을거리로 각광받는 바위굴 하루카, 수평선 저편에 집어등을 밝히고 하는 오징어 낚시, 섬에서 농약 없이 기른 맛있는 오리 쌀, 조장나무를 끓여 만든 향긋한 분홍빛 허브차 후쿠기 차, 바다의 은혜를 결정화 한 아마 소금……. 이 모든 식자재의 숫자가 아마의 자연이 얼마나 풍요로운지 여실히 드러내고 있다.

하지만 도시에서는 이런 식재료가 어떤 사람이 어떻게 생산하고 있는지, 혹은 어떤 환경에서 기르고 있는지 알 수가 없다. 이렇듯 평상시에는 보이지 않는 식문화의 문맥을 느껴볼 수 있게 하자는 것이 아마 음식 투어의 목적이었다.

투어의 첫 프로그램은 오징어 낚시였다. 오징어 낚시 체험부터도 그랬지만, 머리로 생각하기보다 실제로 해 보고 나서야 알게 되는 것들이 많다. 우리와 함께 바다로 나간 어부 이소노 기미오磯野公夫 씨는 아마초 안에서도 손꼽는 오징어 낚시의 고수다. 투어 멤버는 이소노 씨의 배를 타고 칠흑 같은 밤, 바다로 나갔다. 포인트를 잡고 낚시 바늘을 끼운 낚싯줄을 드리우고 집어등이라 불리는 불빛으로 오징어를 유인해 낚아 올리는 방식이었다. 그런데 이게 꽤나 어려웠다. 오징어는 미끼를 무는 강도가 약하기 때문에 낚아채는 감각을 익힐 때까지 시간이 걸릴 수밖에 없다. 수십 분 정도 다들 고개만 갸웃거리며 새카만 바다에 낚싯줄만 드리우고 있었다. 그러나 시마 게이스케 씨가 한 마리 낚자마자 다른 멤버도 요령을 터득했다.

"잡았다! 잡았다!"

다들 신이 나서 소리를 질러댔고, 갑판에서 먹물을 토하며 꿈틀거리는 오징어를 잡느라 분투했다. 그날 제법 많은 오징어를 잡았다.

활기 넘치고 북적이는 투어 낚싯배, 그 집어등 불빛이 수평선을 물들이는 모습을 보고 나는 어부의 모습을 떠올렸다. 밤새 오키의 바다와 하늘을 물들이는 그 불빛은 수평선 너머까지 배를 타고 나가 밤새워 오징어를 잡는 어부의 모습 그 자체였기 때문이다. 투어 참가자들은 오징어 낚시 체험을 즐기기만 하면 되지만, 어부들은 매일 밤 혼자 바다에 나간다. 오징어떼가 지나가는 길목을 찾아 밤새 오징어 낚시를 한다. 그야말로 생명을 걸고 하는 일이다. 이동 중에 어떤 실수로 바다에 떨어진다거나 파도에 휩쓸린다 해도 아무런 도움도 청할 수 없기 때문이다. 그럼에도 이소노 씨는 생기 넘치는 얼굴로 자기 일에 대한 기쁨을 이렇게 이야기한다.

"우리 어부들은 말이지, 내가 잡은 생선이 먹는 사람에게 신선하게 도착하면 그게 제일 기뻐. 물론 귀찮은 일이기는 해. 하지만 생선 토막이 아니라 잡은 그대로 보낼 수 있을 때 가장 기쁘더라고. '이소노 씨가 보내 준 생선, 정말 맛있어요.' 주변 사람들에게 이런 소릴 들으면, 내가 잡은 것이 그대로 그 사람에게 도착한 것 같아 정말 행복해지곤 해."

함께 배를 타고, 짧은 시간이나마 오징어 낚시를 체험하다 보면 어부의 그 말이 가슴에 찡하게 파고든다. 같은 배를 탔던 멤버 누구든 다들 그렇게 느꼈으리라.

낚시를 마치고 난 후 다 같이 모여 오징어를 손질해 먹었다. 그 맛이 얼마나 좋았는지 모른다. '생명을 먹는다는 게 이런 거구나.' 그런 느낌을 받은 순간조차 있을 정도였다.

다음 프로그램은 향토 음식 체험이었다. 아마에서 태어나고 자란 다카마쓰 히로코高松ヒロ子 씨의 집을 방문해 향토 요리를 접하

는 기회를 만들었다. 섬의 전통 식재료를 이용해 옛날부터 전해지
는 방식으로 요리한 음식을 맛보게 한 프로그램이었다. 오징어 낚
시 체험이 식재료를 수확하는 생산자의 수작업을 경험했다면, 이
프로그램은 요리를 통해 그 식재료를 어떻게 살릴 것인가 하는 섬
사람의 수작업을 접해볼 수 있는 기회였다.

다카마쓰 씨는 말 그대로 섬의 요리 전도사다. 옛날부터 전해
오는 섬의 요리법을 다음 세대로 이어가기 위해 매일 최선의 솜씨
를 발휘하고 있다. 사계절과 소재의 맛을 가장 잘 이끌어 내는 지
혜는 오랜 세월에 걸쳐 태어난다. 사람들에게 사랑받아 온 요리는
그 자체만으로도 아름답다. 과잉이나 부족한 것 하나 없이 깊고 행
복한 맛으로 가득차 있다.

여름 채소와 소라를 이용한 섬의 대표 볶음 요리인 '고쇼미소
こしょみそ'를 시작으로, 다카마쓰 씨가 만든 다양한 전통 요리가 식
탁 위에 차려졌다. 그리고 섬의 요리에 빠져선 안 되는 것으로 '고
죠유こじょうゆ'가 있다. 밀가루와 쌀, 콩을 발효시켜 만든 아마의 전
통 장으로, 된장과 간장의 중간 정도 되는 양념이다. 섬에서는 간
장 대용으로 쓰는데, 쌀과 콩뿐만 아니라 하얗게 빻은 밀가루를 듬
뿍 넣어 독특한 풍미와 단맛을 끌어올린 장이다. 한입 먹어보면 간
장 향과 함께 된장의 복잡한 맛을 느낄 수 있다. 반건조 오징어나
오이 등 섬에서 수확한 것들과 고죠유는 정말 잘 어울린다. 그야말
로 고죠유는 섬의 식재료 맛을 살리기 위한 양념이라 할 수 있다.
오랜 세월 섬사람들에게 사랑받아 온 섬의 음식이다. 꾸밈이 없기
에 변함없는 맛. 그렇기에 언제까지나 그리운 고향의 맛이다. 다카
마쓰 씨는 이렇게 말한다.

"우리 아들도 섬에 돌아올 때마다 이런 말을 해요. 아무리 오랜만에 먹어도 고조유는 늘 맛있다고 말이죠."

이런 체험을 통해 사람들은 음식의 맛이란 무엇인가 다시금 생각해 보게 된다. 다양한 맛이 머릿속에 떠오르리라. 혀 위에서 느끼는 맛은 그 음식의 문화적 풍요로움이 더해졌을 때, 전혀 다른 것이 된다. 음식의 스토리를 느끼게 되는 순간이라고나 할까.

투어가 끝난 후에도 섬과 투어 참가자들과의 관계는 지속되었다. 식재료를 거래한다거나 다른 행사에서 아마의 식문화를 소개해 주고 있다는 것도 아마 음식 투어의 큰 성과라 할 수 있다.

우리는 도시에서는 느끼기 힘든 섬의 음식 이야기를 요식업계의 실천가들을 통해 제대로 전달하고 싶다. 진정한 맛이란 어떤 것인가를 바르게 전해 줄 사람에게 아마의 음식을 제대로 알려주고 싶다. 이것이 아마에서 우리가 해야 할 일이기 때문이다.

매사에 정성을 다하다 이베

"지금 〈오이신보美味しんぼ〉 관계자가 시마네 현을 취재하러 왔다가 아마초에 들어왔어. 귀촌한 사람의 이야기를 꼭 들어보고 싶다는데, 지금 시간 되나?"

"네? 〈오이신보〉가 지금 섬에 와있다고요?"

어느 날, 갑작스레 아마초 관공서에서 걸려 온 전화에 깜짝 놀라고 말았다. 〈오이신보〉 취재원들이 아마에 들어왔다는 소식이었다. 설명할 필요도 없겠지만, 〈오이신보〉는 일본에서 가장 유명한 음식 만화다(한국에서는 〈맛의 달인〉이라는 제목으로 번역 출간함: 옮긴이). 어쩌면 '일본 전국 맛 기행, 시마네 편'이라는 기획으로 아마초까지 책 내용에 들어갈 수 있다는 이야기였다.

"잠시 다녀올게."

직원들에게 급히 고하고 부리나케 달려 나갔다. 현장에 도착해 열 명 정도 되는 취재팀과 인사를 나누다 보니 놀랍게도 〈오이신보〉의 원작자 가리야 데츠雁屋哲 씨도 와 있었다. 〈오이신보〉를 만드는 사람들이 내 눈앞에 있다니, 지금까지 독자로밖에 만나보지 못했던 사람들이 아마에 있다고 생각하니 그야말로 감격이었다.

"곧바로 이야기를 들어볼 수 없겠냐"는 말에 가리야 데츠 씨와 단도직입 본론으로 들어가 이야기를 나눴다. 그 중에 제일 인상 깊었던 건 "아마초에 살며 행복을 느낄 때는 언제인가?"라는 질문이었다. 물론 행복을 느끼는 경우는 많다. 풍요로운 자연에 둘러싸여 생활하는 것, 바다 낚시, 섬사람들에게 이런저런 것들을 배울 수 있다는 것도 내게 있어서는 참으로 행복한 순간이다. 그러나 가장 행복한 게 뭐냐고 묻는다면, 그건 아무래도 아마에서는 정성스런 삶을 지낼 수 있다는 것일 테다.

정성스런 삶에 대해 설명하기 위해, 몇 년 전 친구와 함께 두부를 만들었을 때 이야기를 가리야 씨에게 했다. 두부는 콩을 물에 불려 삶은 후 거기서 나온 두유에 간수라 불리는 염화마그네슘을 넣어 굳혀 만든다. 콩은 내가 밭에서 직접 키운 검은콩을 썼고, 간수는 근처 아키야 해안에서 퍼온 바닷물을 질냄비에서 뭉근히 끓여 소금과 간수를 분리해 썼다. 완성된 두부에 직접 만든 소금을 뿌려 먹었는데 그게 얼마나 맛있었는지 모른다. 풍부한 콩의 풍미가 입 안에 가득 찼다. 과장할 생각은 없지만, 그 풍미라는 게 자연이 만들어 낸 조화를 미각으로 느끼고 있는 듯한 기분이 들 정도였다. 슈퍼에서 사 와서 접시 위에 올려두기만 한 두부와는 달라도 너무 달랐다. 이처럼 사람 손으로 정성을 들인 것들, 아마의 식탁 위에는 자연의 은혜를 취한 요리로 넘쳐난다.

바위굴이 맛있는 계절이 되면 친구들과 모여 생굴과 굴튀김을 해 먹는다. 그리고 섬에서 수확한 쌀을 질냄비에 넣어 밥을 지어 먹는다. 섬이 우리에게 준 은혜를 가능한 그 형태 그대로 입 속에 넣는다. 이런 것을 할 수 있는 환경을 지키는 것이 중요하고, 그렇게 이어져 온 삶을 계승해 가는 것이 중요하다. 정성스러운 삶이 얼마나 중요한지, 또한 아름다운지 다른 이들에게 전하고 싶다는 것이 우리가 메구리노와를 경영하는 이유이기도 하다.

"인간의 행복이란 뭘까? 인간이 행복하게 사는 삶이란 어떤 것일까? 그것을 생각해 볼 계기를 주는 학교를 만드는 것이 최종 목표입니다."

내가 한 이 말이 실제로 〈오이신보〉 109권에 실리기도 했다. 인간의 행복이란 지나치게 거대한 테마일지도 모른다. 그러나 인간 전체의 거대한 행복도 결국은 매일 매일의 작은 행복을 느끼는 마음의 집합체다.

가리야 데츠 씨도 〈오이신보〉를 통해 사회를 향한 제안을 해 나가고 싶다고 했다. 그리고 마지막에는 이런 격려까지 해 주었다.

"자네 같은 청년을 만나게 되어서 기뻤네. 일본도 아직 희망이 있다는 생각이 들었어."

그 말을 듣고 아마로 들어온 내 결정이 인정받은 것 같아 무척이나 기뻤다. 앞으로도 일본의 희망을 아마에서 계속 전하자고 다짐했다.

마음에 돈을 지불한다는 것 아베

손익 계산을 넘어선 곳에서 성립하는 사업. 아마에 들어와 그런 경우와 여럿 만날 수 있었다. 수치로 나타낼 수 없는 마음을 교환하면서 사업을 만들어 내는 것. 이를 일반 방법론이라 할 수는 없겠지만 지금 우리들의 활동, 그리고 회사의 경영을 지탱해 주는 발상이기도 하다.

메구리노와는 아마의 토산물인 바위굴도 취급한다. 그 거래처 중에 교토에 있는 소지키 나카히가시草喰なかひがし라는 식당이 있는데, 예약을 하려면 반년이나 기다려야 하는 일본요리 전문점이다. 이렇게 예약이 힘든데도 불구하고 전국에서 손님들이 몰려드는 까닭은 음식도 음식이거니와, 소지키 나카히가시의 오너인 나카히가시 히사오中東久雄 씨를 만나기 위해서이기도 하다.

나카히가시 씨는 산야초와 채소를 주 식재료로 삼아 오쿠도상お竈さん이라는 화덕을 이용해 조리하는 독자적인 요리 세계를 확립한 요리사이다. 나카히가시 씨의 요리는 정말 맛있다. 그리고 그 맛은 자연을 누구보다 가까운 곳에서 접하고 사계절의 소리에 귀 기울이며 자기 혀로 시험해 보는, '생명을 먹는다'는 음식에 대한 깊고 철저한 그의 고찰로부터 태어난 것이다.

나카히가시 씨는 산나물을 뜯으러 매일같이 야산을 오르내린다. 우리 눈으로 본 산은 매일 똑같은 모습이지만 나카히가시 씨의 눈으로 본 산은 매일 다르다고 한다. 나카히가시 씨는 말한다.

"풀이나 꽃이 '바로 지금'이라고 말해 줍니다."

하루만 지나도, 혹은 하루만 빨라도 정말 맛있는 때를 놓친다고 나카히가시 씨는 말한다. 때문에 그는 매일 산에 올라 풀과 꽃의 목소리에 귀 기울이고 있다. 자연 속에서 정말 맛있는 순간을 자신의 눈으로 보고 손으로 느끼며 만나고 있는 것이다. 나카히가 시 씨와 이야기하다 보면 그러한 요리에 대한 자세에 언제나 감동 받고는 한다.

대학 때부터 연이 있던 나카히가시 씨에게 아마의 굴을 보낸 적이 있다. '아마의 바위굴 맛을 평해 주실 수 없겠느냐'는 말과 함께 샘플을 보낸 것이다. 그의 미각을 충족시킬 수 있을지 어떨지, 불안과 기대로 가득했다.

굴을 먹은 그는 '부디 아마의 바위굴을 우리 가게 식재료로 쓸 수 있으면 한다'고 답했고 감사의 말을 표한 후 나는 본격적으로 금액에 대한 교섭에 들어갔다. 나카히가시 씨 같은 일류 요리사에 게는 모든 걸 털어놓고 이야기해야 한다고 생각했다. 그래서 모든 돈의 흐름을 한 치의 숨김없이 설명했다. 그런 내 설명을 고개를 끄덕이며 듣던 그는 단칼에 이런 말을 했다.

"그래서는 아베 씨가 이익을 보지 못하잖아요? 나는 이 금액 으로 굴을 사겠습니다."

나카히가시 씨가 제시한 금액은 우리 시세의 3배가 넘는 금액 이었다. 가격을 깎는 교섭은 있었어도 가격을 올리는 교섭이란 이 제껏 한 번도 없었다. 당황스러웠다. "아무리 그래도 그런 가격이 면 우리도 팔기 곤란하다"고 말했지만 나카히가시 씨는 괜찮다며 이렇게 쐐기를 박았다.

"나는 이 금액으로 굴을 사겠습니다."

그의 고집에 지고 말았다. 나카히가시 씨가 책정한 가격은 단 순히 굴의 맛이나 통상의 가격뿐 아니라, 아마를 생각하는 나의 마음, 자연과 음식에 대한 내 사고방식에 공감한 결과였으리라고 생각한다. 손익 계산이 아닌, 마음에 돈을 지불한 거였다.

그때 불현듯 이런 생각이 들었다. 나를 포함해 그의 가게를 찾는 사람들도 마찬가지일 거라는 사실 말이다. 요리를 대하는 그의 마음에 공감해, 예약을 위해 반년이나 기다린 후 결코 싸다고 할 수 없는 돈을 지불하며 식사를 즐기는 것이리라.

나카히가시 씨는 늘 그 기대에 부응하고 있다. 그런 그가 바라보고 있는 것은 손익 계산이 아니라, 사람이 얼마나 진심으로 그것을 대하고 있느냐는 것뿐이다. 분명 그는 이렇게 생각하리라. 돈은 그 뒤에 제멋대로 따라오는 것이라고. 그리고 나는 그런 그에게 깊이 머리 숙여 감사했다.

그 이후 우리는 아마의 바위굴을 '나카히가시 씨 가격'으로 그의 식당에 납품했다. 아마의 바위굴은 그의 식당을 찾는 고객들에게도 좋은 평가를 얻었다. 게다가 또 다른 연을 통해 교토의 다른 가게에도 납품을 할 수 있게 됐다. 그러나 다른 가게와의 거래에 나카히가시 씨 가격을 책정할 수는 없었다. 같은 교토에 위치한 가게라는 이유를 들어 나카히가시 씨에게 이렇게 부탁했다.

"죄송하지만 교토의 다른 가게에서도 굴 주문이 들어왔습니다. 제발 부탁입니다. 가격을 내려주세요."

그야말로 모든 게 보통과는 정반대인 거래였다.

신뢰 관계가 전제되어야 가능한 일이겠지만, 서로의 사정을 털어놓고 서로를 이해하면 좋은 결론을 맞이할 수 있구나, 새삼스레 그렇게 생각한 경험이었다. 이렇듯 이해관계가 아닌 신뢰 관계로 성립된 사업, 마음의 비즈니스를 우리는 해 나가고 싶다. 그를 위해서는 먼저 우리가 진심으로 아마를 대하는 것이 중요할 것이다. 마음을 담아 제대로 대하기만 한다면 그것을 평가해주는 사람은 자연스레 나타날 테니까 말이다.

우연에서 시작된 인연 _{아베}

나카히가시 씨는 아마와 다양한 관계를 맺고 있다. 대지를 지키는 모임의 후지타 가즈요시 씨와 함께 '대지에 뿌리박고 산다'라는 테마로 대담을 하기도 했고, 바위굴을 시작으로 다양한 CAS 상품을 가게에서 취급하고 있다. 내가 나카히가시 씨와 처음 만난 건 9년 전이었고, 그 계기는 닭이었다.

교토대학을 다니던 무렵 나는 아웃도어 서클과 유기농업 연구회에서 활동했다. 아웃도어 서클에서는 매년 민가를 통째로 빌려 해넘이 이벤트를 했다. 메밀국수 면을 뽑는다든지, 떡메를 치기도 했고, 심지어는 돼지를 통째로 굽거나, 자라를 손질해 먹는 등 거친 행사를 해넘이 테마로 잡고는 했다. 나카히가시 씨와 만난 그해에는 닭을 주 메뉴로 결정했다. 닭을 구입하기 위해 교토 오하라_{大原}에 위치한 야마다 농원으로 향했다. 세밑인 12월 29일, 쌀쌀한 바람을 맞으며 아침 여덟 시 농장에 도착했다. 그러나 아무도 없었다. '미리 연락을 잡고 왔는데 이상하다'고 생각하며 곱은 손을 비비며 주변을 둘러보고 있자니 차 한 대가 들어오는 게 보였다. 이제야 왔구나 싶어 곧바로 차로 달려갔다.

"안녕하세요. 닭 다섯 마리를 부탁드린 아베라고 합니다."

"아, 나는 농장 사람이 아니에요. 그냥 요리사입니다."

"그렇군요. 죄송합니다."

"대학생인 거 같은데……. 여기 뭐 하러 왔어요?"

"네. 교토대를 다니고 있어요. 닭을 받으러 왔습니다."

"아, 그럼 농학부 학생인가?"

"아뇨. 공학부에 다니고 있습니다."

"공학부에서 닭 가지고 뭐해요? 실험?"

"아뇨. 실험이 아니라 손질해서 먹으려고요."

"공학부 학생이 닭을 해체하다니. 하하하. 재미있는 청년이로군요."

나는 그 사람에게 아웃도어 서클 이야기, 매년 실시하는 해넘이 이벤트에 대해 이야기했고 어쩐 일인지 대화는 점점 무르익었다. 그러다 닭 해체 방법에 대한 이야기까지 나누게 됐다. 목을 먼저 친 후 뜨거운 물을 부어 모공이 열렸을 때 털을 뽑을 거라고 이야기 했다. 어느 농장 주인에게 배워 알고 있던 닭 손질법이었다.

"공학부 학생인데도 닭 손질법을 잘 알고 있군요. 근데 그것보다 좀 더 좋은 방법이 있어요."

그렇게 말한 그는 몸짓까지 곁들여 닭 손질법을 가르쳐 주기 시작했다.

"목을 자르는 것보다 힘을 줘 한 번에 탁 꺾는 게 좋아요. 뜨거운 물을 부으면 닭의 지방이 빠지기 때문에 맛이 덜해요. 그러니 조금 힘이 들더라도 상온인 채로 털을 뽑는 게 더 좋죠."

내가 지금까지 보고 들은 방식과 전혀 다른 닭 손질법이었다. 이 사람 뭔가 재밌는 사람이구나 생각하며 이야기를 듣고 있다 보니 농장 주인이 도착했다.

농장 주인과 그 사람은 사이좋게 이야기를 나눴다. 서로 아는

사이인 것 같았다. 닭 다섯 마리를 받아 차에 실은 후 닭 손질법을
알려준 사람에게 인사를 건넸다.

"오늘 정말 감사했습니다. 가게가 어느 쪽에 있나요?"

그러자 '은각사 가는 길'이라고만 하고 가게 이름까지는 말해
주지 않았다. 차에 타고 돌아갈 준비를 하고 있는데 그 사람이 다
가와 이렇게 말했다.

"오늘 정말 재밌는 청년을 만난 것 같군요. 나 같은 아저씨와
우연히 만났다는 것도 기억해주면 좋겠어요. 다가오는 1월 2일 아
침 여덟 시부터 NHK에 우리 가게가 나오는데, 괜찮으면 한번 봐
주세요."

그 말을 남긴 그는 이름도 말해 주지 않고 차를 타고 가버렸
다. 도대체 어떤 사람일까? 왔던 길을 되돌아가는 동안 어쩐지 평
범한 사람은 아닐 거라는 생각이 들었다. 닭을 해체하는 방식도 그
랬고, 잠깐의 대화를 통해서도 그의 비범함이 충분히 전달되었기
때문이다.

해넘이 이벤트로 정신없는 시간을 보내야 했기 때문에 그가
말해 준 NHK 방송은 녹화해 두기로 했다. 그리고 새해를 맞아 한
숨 돌리고 난 후 녹화해 둔 비디오를 재생해 봤다. 깜짝 놀라고 말
았다. '저렇게 대단한 사람이었단 말인가!'

그는 그냥 요리사가 아니었다. 요식업계 안에서 그의 식당 소
지키 나카히가시는 교토에서 가장 유명한 일본요리점 중 하나였
다. 그리고 그 방송에 소개된 요리를 대하는 그의 자세에 깊은 감
명을 받았다. 나카히가시 씨는 '생명을 먹는다'는 마음으로 요리를
대한다고 했다.

다시 한 번 그를 만나보고 싶다는 생각에 그의 식당에 예약을 하기로 했다. 예약이 꽉 차 있었기 때문에 반년 후의 예약 밖에 잡을 수 없었다. 그리고 반년 후 점심을 먹으러 갔다. "작년 연말, 야마다 농원에서 만난 아베입니다"라고 하니 나를 기억해 주었다.

그 이후 매일 식비를 절약해 반년에 한 번씩 소지키 나카히가시에 가는 것이 내 연중행사가 되었고, 그것은 도요타에 취직한 후에도 계속됐다. 그리고 도요타를 그만두고 아마로 갈 생각을 하고 있을 때에도 나카히가시 씨에게 마음을 터놓고 상담했다. 지금의 회사에 의문을 품고 있다는 것, 정성스런 삶을 지낼 수 있는 곳으로 가서 내 거처를 만들고 싶다는 말을 하니 나카히가시 씨는 이런 말을 내게 해 주었다.

"우리는 먹고 사는 건 어떻게든 해결된 시대를 살고 있어요. 그런 시대에 우리는 무엇을 해야 할까요? 후세에 무언가를 전하는 것이 중요하다고 생각합니다. 나는 음식이라는 것을 통해 '생명을 먹는다'는 자세, 생명의 중요함을 느끼는 데 필요한 요리 본연의 방식을 후세에 전하고자 하고 있습니다. 아베 씨도 그 일을 함께하면 좋겠어요. 좋은 아이디어가 있다면 저 역시 도움이 되고 싶습니다."

내 등을 밀어주는 그의 말에 힘을 얻어 도요타를 그만두고 아마로 갔다. 그리고 메구리노와를 창업한 이후에도 나카히가시 씨의 철학은 내가 하는 모든 일에 살아 숨 쉬게 됐다. 투어나 오감 학원 행사로 바다에서 생선을 낚아 손질해 먹을 때도, 내 손으로 두부를 만들 때도, 나카히가시 씨의 '생명을 먹는다'는 마음을 잊어본 적이 없다. 그리고 나 역시 그 마음을 사람들에게 전달하고자한다.

후지타 가즈요시 씨와의 대담을 위해 아마에 왔을 때 나카히가시 씨는 우리에게 이런 말을 해 주었다. "섬사람들에게 의지만 하고 살고 있지는 않나 걱정이었는데, 겨우 5년 만에 다들 섬에서 제 몫을 하고 있군요! 대단합니다!" 그는 진심으로 기뻐했다. 그리고 이런 말도 했다.

"나를 아버지처럼 생각하라는 말은 못하겠지만 형처럼 생각해 주세요. 뭐든지 힘든 일이 있으면 이야기 하세요. 아마에서 음식 관련 일로 뭔가를 하게 되고, 내 부족한 프로듀스라도 괜찮다면 뭐든지 도와줄 테니까요."

한 마리의 닭을 계기로 만나 내 형이 되어준 나카히가시 씨. 그를 생각하면 감사의 마음이 가득하다. 아마와 교토, 장소는 떨어져 있지만 나카히가시 씨는 언제나 든든한 내 편이다.

섬사람 이야기 8

하타 미치코 波多美知子

1948년 아마에서 태어났다. 향토 요리는 물론, 산과 해안에서 직접 채취한 식재료를 이용해 새로운 메뉴를 창작하는 데에도 뛰어나다. 아마의 민요와 민속춤에도 정통해서, 섬에서 개최하는 행사나 연회의 분위기를 띄우는 역할도 맡고 있다.

아마에서 '밋짱'이라는 애칭으로 불리는 하타 미치코 씨는 오감 학원과 아마 카페 올스타즈 같은 행사에서 맛있는 아마 향토 요리를 맡고 있다. 요리 외에도 민요나 민속춤 같은 아마의 여러 문화를 알고 있다. 다음 세대에 그것들을 전달해 줄 하타 미치코 씨에게 오감 학원에 강사로 참가하게 된 즐거움에 대해 들어 보았다.

일상이 배움으로 바뀌다

오감 학원이 재밌는 건 우리가 일상 모습 그대로, 그러니까 늘 하던 대로 요리를 하거나 일상 대화를 하는 것만으로도 참가자들이 기뻐해 준다는 거예요. 그리고 참가자들이 섬사람들과 한 몸이 되어 즐기자는 마음으로 섬에 들어왔다는 게 고스란히 느껴져요. 만약 일반 관광이었다면 '저 사람들이 어떤 걸 해줄까?' 기대하며 그 테두리 안에서만 즐기게 되잖아요? 그런데 오감 학원에 온 사람들은 달라요. 수동적이지 않죠. 매번 멤버가 달라짐에도 불구하고, 무언가를 적극 흡수하고자 하는 강한 마음으로 섬에 들어온다는 점은 늘 같았습니다. 진심으로 기뻐하니 우리도 같이 즐거워지면서 동시에 '이 정도로 괜찮은 걸까?'라며 조금은 불안해질 정도로 말이죠.

대기업 사람들이니 일상생활에서 정말 힘든 점이 많으리라 생각해요. 1엔이라도 많은 이익을 내기 위해 머리를 쥐어짜야 하는 직업이니까요. 저도 장사를 해 본 사람이라 그 마음을 정말 잘 알아요. 대도시의 큰 회사에서 이런저런 일들에 시달리며 좋은 일도 있고 곤란한 일도 있겠지만 그들은 전혀 그런 내색을 하지 않더라고요. 그런 모습을 보고 있자니 오히려 우리가 배울 점이 더 많을 정도였어요. 오감 학원에 강사 자격으로 참가하고 있지만 정말 많은 것을 배울 수 있었습니다. 마음 깊이 남는 배움이었지요.

첫 번째 오감 학원에는 이온 그룹의 직원들이 섬에 왔습니다. 거기서 요리를 했는데요. 가르치는 것도 더듬더듬 부족했고 가르치면서 하다 보니 식사 시간에 맞추지 못할 것 같아 조바심도 났어요. 아무튼 어떻게든 하고 있는데 큰 생선이 주방에 들어온 거예요. 어떻게 해야 할지 몰라 난감해 하고 있는데 이온 그룹 참가자 중에 본업이 주방장인 것처럼 요리를 잘 하는 사람이 있었어요. 멋들어지게 회를 떠서는 생선 모양 그대로 접시에 담아 주었죠. 정말 놀랐습니다.

생각해 보니 그때 제가 만든 건 시어머니께 배운 전갱이 스튜네요. 전갱이의 뼈와 살을 발라 그 뼈로 육수를 우려냈죠. 그 육수에 간장, 술, 후추만 더해 맛을 냈고요. 전갱이는 정말 좋은 육수 재료거든요.

음식 수업이 끝나면 저녁 식사를 겸한 교류 모임이 시작됩니다. 술도 마시고 민요가 시작되면 함께 노래하고 춤추고. 제게 있어 오감 학원이란 이런 풍경이에요.

오감 학원에 나가면서 제 성격도 바뀌었어요. 사실 저는 사람 앞에 서서 이야기하거나 노래를 부른다는 게 싫은 사람이었어요. 지금은 나이를 먹어 약간은 뻔뻔해진 면도 있지만 원래 무대공포증도 약간 있었거든요.

하지만 오감 학원에 나가다 보니, 아무튼 제가 강사니까 사람 앞에서 이야기를 할 수밖에 없는 입장이잖아요? 처음에는 무슨 이야기를 해야 할지도 몰랐어요. 잘 보이려고 포장한다고 될 일도 아니라는 생각에 그냥 제 얘기를 듣고 다들 크게 한번 웃어주면 좋겠다는 생각으로 임하다 보니 말하는 것에도 점차 익숙해지더군요. 지금은 그 시간이 정말 즐겁습니다.

그러고 보니 소지키 나카히가시의 나카히가시 히사오 씨가 대지를 지키는 모임의 후지타 가즈요시 씨와의 대담을 위해 섬에 오셨을 때 생각도 나네요. 참가자들 중 누가 나카히가시 씨인지도 몰랐어요. 요리를 해달라는 요청을 받고 가 보니 조리실에 어떤 아저씨 한 명이 있었어요. 뭐든지 도와주겠다고 하기에 "그럼 이것 좀 부탁해요"라며 정말 이것저것 시켰지요. 근데 그 사람이 나카히가시 씨였던 거예요. 교토에서 좀처럼 예약하기 힘든 요릿집을 경영하는 분이라는 말을 듣고 놀란 기억이 나요. 나카히가시 씨는 정말 좋은 분이셨어요.

메구리노와 사람들은 말이죠, 우리가 잊어버리고 있던 것들, 우리도 모르는 새 놓치고 있던 것들을 다시 끄집어 내주는 사람들이에요. 그래서 고마워요.

정말 아무렇지도 않은 우리의 생활, 살아가는 모습인데도 섬 밖에서 온 사람들은 "왜 그런 거예요?"라며 놀라워합니다. 그게 우리는 참 기쁘죠. 예를 들어 여름이 되면 바다에 들어가 바닷말이나 소라를 잡아와서는 먹을 수 있는 부분만 손질해 냉동고에 저장해 둡니다. 산초든 죽순이든 딸 수 있는 시기가 한정되어 있기 때문에 채취할 수 있을 때 거둬서 저장해 둬요. 죽순을 그대로 냉동할 수는 없으니까 비빔밥에 넣을 수 있도록 손질해서 냉동해 두고는 하죠. 이렇게 해 두면 1년 언제든 먹을 수 있으니까요. 시골에 살면 자연스레 하는 행동입니다. 하지만 아무 때나 마트에 가면 뭐든 살 수 있는 도시에서는 그런 생활이 사라져 버리고 말았죠. 놀라움과 함께 자연과 가까운 생활이란 어떤 것인지, 그런 마음을 품고 참가자들이 자신이 사는 곳으로 돌아갈 수 있다면 정말 기쁠 것 같아요.

우리 집에 메구리노와 사람들이 자주 놀러 오고는 해요. 이런저런 이야기를 함께 하며 즐거운 시간을 보내고 있어요. 언제까지나 가까운 존재로 관계를 유지하고 싶다는 생각이 들지만, 내 욕심만 부릴 수도 없는 게, 회사로서 성장해야 하는 그들의 입장도 있을 테니까요. 하지만 아무리 그렇다고는 해도, 지금처럼 가장 가까운 곳에서 만남을 이어가면 좋겠다고 생각해요.

섬사람 이야기 9

무코야마 다카유키 向山剛之

1947년 아마초 출생. 약 10년 전부터 오리 농법 등 무농약 농업 연구에 착수했다. 2000년에는 농사조합법인 '선라이즈 우즈카サンライズうづか'를 설립, 농업 후계자 육성과 농지의 황폐화를 막는 활동을 하고 있다. 메구리노와와 함께 논 투어를 진행하며 농업의 중요함, 수확의 기쁨을 전하기 위해 활동하고 있다.

섬 농부인 무코야마 다카유키 씨는 40년 째 아마에서 농사일을 하고 있다. 그 세월 동안 일용직 노동, 회사원, 관공서에서 일했지만 결코 농업을 그만둘 생각은 하지 않았다. 무코야마 씨는 1991년부터 본격적인 농업 기계화를 추진했으며 '아이들에게 안전한 음식을 먹이고 싶다'는 생각에 1996년부터 오리 농법 등 저농약 농작물을 재배하기 시작했다. 오감 학원의 강사이기도 한 무코야마 씨에게 아마에서 농업에 종사하는 이야기를 들어봤다.

사양은 필요 없다

점점 쌀 가격은 떨어지고 어떻게든 부가가치를 만들기 위해 아마의 농부로서 이런저런 고민을 했습니다. 세월이 흐르는 동안 소비자의 의식도 바뀌어 갔지요. 무엇보다 건강을 우선하게 됐고 단 한 번 제초제를 뿌려도 무농약이라 할 수 없는 시대가 되었습니다. 그것을 기회라 여겨 오리 쌀을 재배하기 시작했습니다. 옛날 아마 농부들이 논에 집오리를 풀어 해충을 잡아먹게 했다는 이야기를 듣고 집오리와 청둥오리 사이에서 나온 교배종 오리를 이용하면 어떨까 생각했습니다. 하나부터 열까지 손으로 더듬어 가는 상태로 하기 시작했지요.

그러던 와중 농사조합법인 '선라이즈 우즈카'를 설립하면서 농업 후계자 양성에도 힘을 쏟게 됐습니다. 후계자를 양성하기 위해서는 젊은 사람을 섬에 끌어들일 필요가 있습니다. 하지만 젊은 이들을 섬에 불러들이기 위해선 어느 정도의 수입이 보장되어야만 합니다. 미래의 후계자를 위해 일반 수입을 지불할 수 있는 법인이 될 수 있도록, 최선을 다해 일하고 있습니다.

아마에 살면서 다들 정말 고생이 많다고 생각합니다. 저 역시 그랬습니다. 열여섯에 처음으로 일을 시작했고, 가난의 바닥에서 기어오르며 건강한 몸 하나 밑천 삼아 섬의 농업을 지켜왔습니다. 이것만은 자랑거리라고 생각하기 때문에 제가 겪은 고생스럽고 바보 같았던 이야기를 오감 학원에서도 하고 있습니다. 그러면 이온이나 산토리 같은 대기업 사람들이 의외의 반응을 보여줍니다. 아마라는 섬에 대해 놀라움을 금치 못하거나 섬 생활의 고단함에 공감해 주기도 하지요. 강의가 끝난 후에도 질문 공세가 펼쳐집니다. 제 입장에서 보자면, 이런 개인의 이야기가 상대방에게 어떤 의미가 된다는 사실이 매번 놀라울 따름입니다.

오감 학원 말고도 논 투어라는 것을 메구리노와와 함께 하고 있습니다. 이벤트에 논을 빌려 주고 농업의 기술적인 부분과 농업 기계 관련 부분에서 도움을 주고 있습니다. 아무래도 메구리노와가 농사 쪽으로는 초보이기 때문에 기술 부분에서 좀 더 힘을 실어 줘야겠다고 생각하고 있어요.

예를 들어 농사일은 비가 오면 작업을 못합니다. 그렇기 때문에 오늘 날씨가 좋다면 다른 일을 멈추고서라도 끝낼 수 있는 일부터 붙잡고 하루라도 빨리 끝내야 합니다. 이게 농사일의 기본이지요. 이런 이야기들, 즉 농부가 어떻게 생각하고 있는지도 그들이 배웠으면 하는 바람입니다. 할 수 있는 일부터 시작하면 된다는 그런 이야기지요. 사실 더 깊이 원하는 건 직접 흙투성이가 되어 몸으로 익히는 겁니다. 다른 사람에게 들은 건 잊어버려도 몸으로 익힌 것은 잊을 수가 없으니까요. 늘 흙투성이로 일을 하기 때문에 그 부분에 대해서는 저도 잘 압니다.

그리고 또 한 가지 바람은 논 투어에 참가한 사람들이 아마에서 작업한 것을 잊지 말았으면 한다는 겁니다. 그리고 어느 날 다시 참가해 보고 싶다는 마음을 불쑥 내 준다면 그보다 기쁜 일이 또 있겠습니까. 욕심을 내보자면, 쌀을 조금씩이라도 사서 돌아가기를 바랍니다. 그렇게 후일의 인연이 이어진다면 더할 나위 없겠다는 마음이 들어요.

메구리노와 청년들은 섬에 들어와 창업에 성공했지만, 아무튼 이 섬에서 생활한다는 게 쉽지만은 않으리라 생각합니다. 제 경우야 섬을 알고 대충 조절할 수 있으니 괜찮겠지만, 타지에서 온 사람이 섬 생활을 마음먹었으니 힘들지 않을 수가 없지요. 섬에 빈 몸으로 들어와 나름의 성공을 이루고 아직까지 섬에 남아 있는 사람들을 보면 다들 죽을 각오로 일한 사람들입니다. 그만큼 섬에서 살아남는다는 게 힘든 일입니다. 어쩌다 보니 아베 군한테는 이런 말도 가끔 합니다.

"자네, 도요타에 계속 있었으면 지금쯤 연봉 천만 엔 정도는 벌 텐데 지금 얼마 정도 버나? 정말 이걸로 괜찮은 건가?"

금전적인 이야기인데다가, 그는 그 나름의 생각으로 섬 생활을 하고 있다는 것도 잘 압니다. 그런데 어쩐 일인지 아마에서의 생활에 대해 생각하다 보면 최종적으로는 벌이의 문제와 부딪치고 맙니다. 이 섬에서 정말 살아가고 싶다면 허울 좋은 것만으로는 좀처럼 불가능합니다. 그렇기 때문에 메구리노와의 청년들에게 이런 말을 자주 합니다. 회사가 힘들어지면 일용직 노동이라도 할 각오를 해야 한다, 그래야 이 섬에서 살아갈 수 있을 거라고 말이지요. 지금이야 어쩌다 보니 혼자니까 괜찮겠지만, 가족이라도 생기면 그야말로 힘들 겁니다. 그나마 부부 두 명이라면 서로 견뎌가며 "오늘은 라면으로 때울까?"라는 말로 넘길 수 있겠지만 아이가 생기면 그럴 수도 없어요. 아마에서는 교육에 제일 큰돈이 들기 때문입니다.

아마에는 대체로 혼자 귀촌한 사람이 많기 때문에 어떻게든 다들 먹고는 살아가지만, 섬에서 가족을 꾸린 후 아이에게 일반 교육을 시키려고 한다면 보통 힘든 게 아닐 겁니다. 아마가 고향인 사람들로서도 힘든 일이니 말입니다.

이런 무서운 이야기도 가끔 하지만, 아베 군도 그렇고 노부오카 군도 그렇고 제가 이런저런 말을 하며 도와주고 싶어지는 까닭은 그들의 인간성이 좋기 때문입니다. 행사에 와 줄 수 없겠냐는 말을 듣고 가보면 다들 정말 따뜻하게 사람을 맞아줍니다. 그러면 저 역시 뭔가 도움을 주고 싶다는 마음으로 그들을 대하게 됩니다.

그들은 하나의 일을 끝내고 나면 반드시 반성회를 엽니다. 저도 거기 껴서 발언을 하곤 하는데, 무슨 일을 하든 어중간하게 끝내는 법이 없고 반성회를 열어 다음 번을 위한 아이디어를 모아둡니다. 이런 것도 있구나, 여러 면에서 그들이 하는 일이 참고가 됩니다.

하나 확실히 말할 수 있는 건, 아마에서는 너무 조심스러울 필요가 없다는 겁니다. 신세를 끼쳐야 할 때는 그렇게 하면 되고 응석을 부려도 됩니다. 서로 간에 신용이 없다면 응석도 부릴 수 없는 것이니 응석 부린다는 게 좋은 일이기도 합니다. 하고 싶은 말이 있으면 하고 부탁할 때는 확실히 부탁하세요. 그리고 나중에 우리가 당신의 도움이 필요할 때 확실히 은혜를 갚으면 됩니다.

그렇기 때문에 저는 메구리노와가 행사를 위해 내게 도쿄로 가라고 한다면 당연히 갈 생각입니다. 그런 마음으로 살고 있어요.

섬사람 이야기 10
나카히가시 히사오 中東久雄

1952년 교토 출생. 나물 요리로 유명한 요리여관 '미야마소美山荘'에서 태어나 자랐고 고등학교 졸업 후 요리의 길로 들어섰다. 1997년 4월 1일, 소지키 나카히가시라는 일본요리 전문점을 개업했다. 현재 그의 식당은 교토에서 가장 예약하기 힘든 식당 중 하나다.

소지키 나카히가시는 아는 사람은 다 아는 교토의 일본요리점이다. 나카히가시 히사오 씨가 매일 교토의 산과 들을 누비며 찾아온 다양한 계절 요리를 즐길 수 있는 곳이다. 그가 '오늘의 메인 요리'라고 제공하는 것은 전통 화덕에서 지은 밥과 말린 정어리 구이 같은 요리다. 바로 윗 세대, 어느 가정에나 있었던 식사, 무엇 하나 특별할 것 없는 평범한 식사다. 그러나 그 맛은 가슴 깊이 스며든다. 일본인이어서 다행일 정도다. 소지키 나카히가시는 예약을 위해 반년을 기다려야 할 정도로, 일본 전국에서 손님이 찾아드는 가게다. 그런 나카히가시 씨에게 아마와의 만남에 대해, 그리고 그 속에서 어떤 것을 느꼈는지 이야기를 들어 보았다.

'생명을 먹는다'는 자세

우리 가게 간판에는 '풀을 음미한다'는 뜻의 '소지키草喫'란 말이 쓰여 있습니다. 음미한다는 건 쉽게 말해 '먹는다'는 뜻이지만, 일반적인 먹는다와는 약간 다릅니다. 보통 먹는다는 것은 배를 채우기 위한 행위입니다. 그러나 음미한다는 것은 먹는 양으로 배를 채우는 것이 아니라, 입에 머금고 마음을 채우는 것과도 같은 행위입니다. 이른바 '자연을 먹는' 행위를 통해 마음이 풍요로워지는 식생활이라고 할 수 있겠지요. 가령 은단 한 알 같은 적은 양이라 할지라도, 그것을 음미하는 과정을 통해 생명을 먹고 있다는 사실을 마음으로 느낄 수 있는 그런 요리를 만들고자 마음을 다하고 있습니다.

말하자면 우리 같은 요리사는 식재료 생산자들의 대리인이지요. 채소를 예로 들면, 농부가 혼을 담아 기른 것 그대로를 손님들이 맛볼 수 있게 하는 것이 요리사의 역할이라 생각합니다. 식재료가 지닌 본연의 맛이 제대로 전달되면 재미있는 결과가 나오기도 합니다. 일전에 도쿄에서 온 젊은 여성 손님이 메뉴로 내놓은 당근을 먹고 고개를 갸웃거린 일이 있었어요. 왜 그러냐고 물어보니 이런 말을 하더군요. "이 당근이 말을 하고 있어요." 무슨 말을 하느냐고 물으니 "이 당근이 '당근, 당근' 하고 말하고 있어요"라고 하더군요.

왠지 기뻤습니다. 좋은 감성을 가지고 있구나, 그런 생각도 들었지요. 당근이란 좀처럼 주연으로 쓰이지 못하는 채소입니다. 그런데도 당근이 하는 말을 감지한 것이니까요. 사람도 사람이거니와, 그런 느낌을 받게 만드는 당근의 힘에도 놀랐습니다. 이렇듯 마음을 담아 키워 낸 채소의 맛에는 생명이 깃들어 있음을 생생히 전달하는 힘이 있습니다.

식재료, 더 나아가서는 식재료를 만들어 내는 사람과의 좋은 만남을 통해, 소재의 맛을 있는 그대로 손님에게 전달하는 것이 요리사의 중요한 일이라 생각합니다. 그리고 먹을 수 있는 부분은 무엇 하나 버리지 않고 끝까지 맛있게 먹을 수 있도록 지혜를 짜내야 합니다. 무를 땅에서 뽑고 보면 흙 속에 파묻혀 있던 뿌리가 갑작스런 변화에 긴장한 것처럼 보입니다. 마치 엄마의 젖에서 억지로 떼어놓은 갓난쟁이 같다는 생각이 들어요. 그렇기 때문에 이파리 하나 남김없이 먹을 수 있게 하자는 마음입니다. 그런 생각으로 저는 요리를 하고 있어요.

우리 식당은 하루카라는 아마의 바위굴을 식재료로 받아 씁니다. 아베 씨가 소개한 식재료로, 현지에 가서 실제로 양식 중인 바위굴은 물론 양식업자들도 만났습니다. 그들은 진심으로 좋은 굴을 만들겠다는 생각으로 생산이 아닌, 생명을 키우고 있었습니다. 그야말로 장인의 모습이었어요. 공장 생산으로 효율을 추구하는 것이 아니라, 혼을 담아 키우는 데 온 마음을 다하는 모습에 마음 깊이 감동했습니다.

저는 매일 산과 들로 나갑니다. 생산자들의 마음과 만나기 위해, 그리고 그것을 키워 내는 자연의 마음을 느끼기 위해서입니다. 가령 같은 당근이더라도 기르는 사람에 따라 그 맛이 전혀 다르니까요.

농업에 대해 과학적으로 연구하는 사람도 있을 테고, 예로부터 전해오는 농법에 집중해 작물을 기르는 사람도 있을 겁니다. 하지만 중요한 것은 농사짓는 사람이 작물과 얼마나 많은 대화를 나누느냐는 것입니다. 마음이 식재료를 바꿔 놓으니까요. 더 나아가 자연이 지닌 진정한 힘을 끌어낼 수도 있습니다.

마음을 다해 관리하고 있는 밭으로 가서 방금 수확한 식재료와 대면하면 정말 많은 이야기가 들려옵니다. 이렇게 요리해 달라거나 저런 방식으로 먹어 달라는 소리가 들립니다. 아마의 바위굴과 만났을 때도 똑같은 걸 느꼈습니다.

아베 씨가 가게로 와서는 아마로 가겠다는 말을 했던 때가 아직도 기억에 생생합니다. 처음에는 천하제일 도요타에 들어가서는 왜 일부러 유배지 같은 곳에 가느냐고 생각했습니다. 그러나 '나 혼자 벌어 만족하고 살면 그만인 시대가 아니다'라고 말하는 아베 씨의 의사가 굳건했기에 안심했습니다.

아마의 캐치프레이즈는 '없는 건 없다'입니다. 그 말을 뒤집어 보면 이 섬에는 뭐든 있다, 이 섬으로 충분하다고 읽힙니다. 또한 없는 건 없다, 그래서 어쩔 거냐는 각오로 읽히기도 합니다. 이는 예전 일본인들의 모습과 꼭 같습니다. 일본은 자원이 부족한 나라지만 이만큼이나 성장했습니다. 하지만 문득 정신을 차려 보니 포식의 시대를 칭송하며 물건이 넘쳐흐르는 시대가 되고 말았습니다. 인간이란 한번 사치의 맛을 알게 되면 처음으로 되돌아가기 힘든 동물입니다. 그 결과 마음도 물건도 디플레이션을 일으켜 지금에 이르게 된 것이지요.

생각해 보면 옛날에는 물건이 없어도 마음은 행복한 일본인이 참 많았습니다. 고작 40~50년 전 이야기입니다. 심적인 측면은 좋았던 시대였던 거지요. 아베 씨 같은 젊은이가 아마에서 그런 부분에 주목해 사업을 하는 모습에 감명을 받았습니다.

저는 하나세花背라고 하는 교토의 산골짜기 마을에서 태어났습니다. 길은 비포장으로 울퉁불퉁했고 밥을 지을 때도 장작하고 숯밖에 없는 곳이었습니다. 하지만 마을로 내려가면 스위치 하나로 불을 붙일 수 있고, 요리나 목욕도 마음대로 할 수 있었습니다. 돈만 내면 캐러멜이든 뭐든 살 수 있었지요. 그 풍요로움에 감격했습니다.

그러나 이런 세상이 되고 이 나이가 되고 보니 문득 이런 생각이 듭니다. 제 시골 생활을 자랑스럽다고 여기는 순간이 점점 늘어나고 있다고 말이지요. 도시가 시골보다 훌륭하다 뭐 이런 게 아니라, 양쪽 모두 가치가 있다고 생각합니다. 시골을 모르면 도시의 풍요로움이 어떤 의미인지 알 수 없고, 도시를 모르면 시골의 장점도 알 수 없으니 말이지요.

저는 운 좋게도 시골 생활을 했기 때문에 이런 것들을 이해하며 살 수 있었습니다. 이러한 시골의 장점, 사람의 유대 관계가 인간의 근원이라는 것을 아마가 상기시켜 주었지요. 아마에 와서 그런 사실을 깨달을 수 있어서 정말 고마웠습니다.

7장

아마에서 찾은
우리의 미래

우리는 많은 행사와 투어를 만들었다. 지금 돌아보니, 행사와 투어 만들기를 통해 '이 섬이 주는 가르침이 정말 가치 있는 것인가'에 대한 도전을 계속했던 것 같다. 물론 만드는 도중에는 완전히 그것에 빠져 있어 몰랐지만 말이다. 아무튼 그런 과정을 거치는 동안 섬의 가르침을 외부로 전달하는 학교가 반드시 필요하다고 확신했다.

우리가 섬에 들어온 지 5년, 그만큼 시대의 흐름도 조금씩 변했다. '슬로라이프'라는 말이 한때 유행한 것처럼, 일부이긴 하지만 젊은이들의 로컬 지향, 즉 자기가 태어나고 자란 지역을 재인식하는 분위기나 고향을 지향하는 마음은 확실히 늘어났다고 느낀다.

출장이나 지역 시찰로 다양한 곳을 방문해 지역 만들기 활동에 대한 이야기를 하는 경우도 많아졌다. 그럴 때마다 '우리 지역에도 그런 단체가 필요하니 이주해 줄 수 없느냐' '지사를 만들어 볼 생각은 없느냐'는 권유를 받는 경우도 늘어났다. 이렇듯 아마의 가르침이 기대를 불러 모으는 이유는 왜일까? 이는 유동적이고 다양한 현대의 가치관 중, 아마의 지역 살리기가 하나의 가설로 인정받고 있기 때문이라고 생각한다. 일본의 '현재'는 도쿄로 대표되는 도시에 존재했다. 지금까지는 그랬다. 그러나 이제부터는 일본의 '미래'를 지역에서 찾아볼 수 있는 시대일지도 모른다. 이런 가설로서 아마의 가르침이 기대를 불러 일으키고 있는 건 아닐까.

얼마 전까지만 해도 '이 회사에 입사하면 평생 든든하다'고 여겨지는 회사가 있었다. 그러나 지금은 30년 후는커녕 10년 후도 장담할 수 없다. 앞을 내다볼 수 없게 된 것이다. 그리고 많은 도시

인들이 그 사실을 깨달았다. 굳이 말하자면 '그래도 10년은 괜찮다'는 것이 지금 인기를 끄는 기업의 입사 이유가 됐다. '평생'에서 '10년'으로, 짧은 시간 동안 가치관은 크게 바뀌고 말았다. 출산율 저하와 고령화가 진행되고 있는 사회에서 일본 기업은 어떤 식으로 자신의 형태를 유지해야 하는가, 그런 생각까지 하게 된다.

이렇듯 변화가 극심한 시대, 날로 다양해지고 변화하는 가치관 속에서 '앞으로 50년 후 일본은 어떻게 되어 있을까?'라는 질문에 대답할 수 있는 사람은 별로 많지 않을 것이다. 그러나 아마는 이미 50년 후 일본이 겪게 될 상황에서 사회가 운영되고 있다. 예를 들어 일본은 지금부터 50년 후인 2060년경 전인구의 40%, 즉 다섯 명당 두 명이 고령자인 사회가 도래할 것으로 추측하고 있다. 놀랍게도 이는 현재 아마의 고령자 비율과 똑같다. 더군다나 초등학교에서 고등학교까지의 아동, 청소년의 감소부터, 20대부터 30대까지의 노동력 부족에 의한 경제 침체, 의료비나 복지에 대한 불안 등, 앞으로 일본에서 심각해질 사회 문제 또한 아마에서 이미 일어나고 있으며, 대처 방안을 강구하고 있다.

규모는 다르지만 사회를 운영한다는 관점에서 봤을 때, 아마는 일본의 도시가 겪을 50년 후의 미래를 지금 고민하고 있다. 아마는 일본이 해결해야 할 과제의 '선진기지'이며 미래 일본의 축도라 할 수 있는 곳이다.

물론 아마가 미래의 모든 문제에 대한 명확한 해답을 가지고 있는 건 아니다. 해결할 수 있는 것도 해결할 수 없는 것도 있다. 하지만 한 가지 말할 수 있는 건, 아마의 어두운 미래 상황 속에서도 다들 진취적으로 살아가고 있다는 점이다. 우리는 이것이야말로 아마가 미래를 향해 제시할 수 있는 하나의 가설이며 가르침으로 제공해야 할 콘텐츠라 생각한다. 야마우치 정장이 자주 하는 말이 있다.

"이 섬에는 위기감은 있지만, 비장감은 없다."

섬에 살면서 정말 그렇다고 실감하고 있다. 그 이유는 아마와 뜻을 같이 하는 많은 동료들이 있기 때문이다. 그리고 섬사람들이 노력한 결과 이러한 유대감이 생길 수 있었다는 것 또한 이 섬에 와서 배웠다.

'모두 힘을 합쳐 섬을 살기 좋은 곳으로 만들자.'

'미래 과제의 선진기지인 아마에서 새로운 사회 모델을 만들 수 있다면, 이는 분명 미래 일본의 희망이 된다.'

진심으로 이렇게 생각하는 사람들이 자발적으로 일어나서 노력했다. 그리하여 아마를 다시 일으켜 세웠고 지금껏 지탱했다.

아마의 노력, 아마의 그런 자세를 배움의 콘텐츠로 제공하는 것. 그것이 우리가 이 섬에서 학교 만들기를 지속하는 이유이자 메구리노와의 역할이라고 생각한다. 문제가 산적해 있는 상황에서 학교를 만든다는 것은 어떤 의미에서 역발상의 도전이다. 그러나 아마의 정신문화는 체험을 통하지 않으면 전할 수 없는 것이고, 진정한 배움이란 문제의 해결 과정 안에 있다. 바로 그곳에 우리들이 만든 '섬 학교'의 존재 의의가 있다.

우리가 사는 곳은 지역에다가 시골, 게다가 외딴섬이다. 그러나 관점을 달리하면 미래의 일본을 위한 힌트를 찾을 수 있는 곳이다. 그러나 이는 아마만의 특수한 사례가 아니다. 일본의 많은 지역 사회도 아마와 마찬가지다. 이미 수많은 지역 사회에 50년 후 미래의 일본이 도착해 있기 때문이다. 각각의 지역이 스스로 지켜온 가치관을 이용해 진취적으로 지역을 만드는 것은 미래를 위한 가설을 만드는 것과 같은 의미다. 미래에 대한 다양한 가설을 지역에서 만들고 그 가치를 전국으로 발신할 수 있다면 어떻게 될까? 만약 그럴 수 있다면 '앞으로 일본이 존재할 곳'은 도시가 아니라 지역이 될 것이다. 우리는 그렇게 생각하고 있다.

도시를 바꾸는 지역의 미래성 아베

현재 일본은 '미래에 대한 사고 방식'이 변화하는 과도기에 있다. 지금까지는 도쿄 중심의 사고 방식이었다. 도쿄에 일본의 현재와 미래가 있다는 이미지였다. 정치의 핵심도 도쿄이며 대부분의 매스컴이 도쿄에 집중되어 있다는 것에서부터도 그 사실을 엿볼 수 있다. 도쿄에 일본의 현재와 미래가 있고 지역은 거길 따라가거나 혹은 뒤쳐져 있다는 인상이었다.

그러나 도쿄에 존재하는 미래 일본의 비전이 밝다면 문제없지만, 현재 그리 밝다고만은 할 수 없는 분위기다. 적어도 그렇게 생각하는 사람이 늘어나고 있는 것만은 사실이다. 그렇다고 일본이 망가졌냐고 한다면 아직까지 그렇지는 않다. 밝아 보이지 않는 것은 지금까지의 사고 방식으로는 새로운 미래가 있을 수 없다는 표현일 것이다. 그리고 이런 인식을 통해 지역과 도시의 새로운 관계성이 발견될 수 있으리라고 본다.

나 역시 아마로 들어오기 전에는 도쿄에 일본의 현재와 미래가 있다고 생각했다. 도쿄가 시대를 견인할 것이며 그것만이 중요하다고 생각했다. 그러나 아마로 들어와 사는 동안 그 가치관이 점차 바뀌었다. 미래를 내다보기 위해서는 그와 동시에 과거도 돌아 봐야 한다고 생각하게 되었기 때문이다.

도쿄에는 수많은 현재가 존재하고 그 가운데 가능성 있는 것을 앞으로 우리가 맞이할 미래로 제시하고 있다. 확실히 이 것은 도쿄라는 대도시가 반드시 지녀야 할 기능이다. 그리고 이 기능으로 선별된 미래를 일본에 제시하는 건 도쿄밖에 할 수 없는 일이다. 그러나 의문은 남는다. 과연 도쿄가 앞으로도 계속 '미래를 제조하는 만능 기계'의 기능을 수행할 수 있을까?

현대 사회는 급속도로 현재가 변화한다. 도쿄만 생각해 봐도 임기응변적인 미래가 대량으로 태어났다가 사라져 가는 것을 알 수 있다. 그런 소비적인 미래상에 농락당하고 있다는 느낌을 지울 수가 없다. 그리고 많은 사람들이 그 사실을 깨닫기 시작했다. 도쿄에는 수많은 현재가 있지만 그에 비해 과거를 되돌아볼 수 있는 곳은 너무나도 적다.

도쿄가 현재의 물질 문명에 특화된 것에 비해 지역은 과거의 정신문화에 특화되어 있다. 과거의 다양한 제례, 풍습이 남아 있는 곳은 지역 사회다. 아마처럼 50년 전의 가치관이 여전히 살아 숨 쉬는 곳에서 미래를 고민하다 보면 반드시 과거의 것을 참고하면서 사고를 펼치게 된다. 앞선 이들의 실패와 성공, 그리고 지역의 문화를 고려하며 미래를 고민하게 되는 것이다. 그렇게 되면 그 지역에 뿌리박고 있는 독자적인 미래상이 생겨날 수밖에 없다. 그리고 모든 지역이 스스로 미래를 고민하면, 그 지역의 수만큼 다양한 미래의 가능성이 나타날 수 있다. 이것이 앞으로 일본이 해야 할 미래의 사고가 아닐까?

이런 과정을 통해 현재 도쿄의 그다지 밝지 않은 미래를 바꿀 수 있으리라 생각한다. 앞으로 지역이 해야 할 역할은 일본을 밝힐 미래를 만드는 것이다.

지역에서 본 글로벌화의 실상 아베

글로벌화도 어느 곳에 근거를 두고 생각하느냐에 따라 달리 파악할 수 있다. 우리들이 섬에 창업한 5년 전, 사회 여기저기서 경제의 글로벌화를 주장하는 목소리는 이미 드높았다. '앞으로는 일본 시장의 내수 공급 균형만 생각해서는 비즈니스가 성립될 수 없는 시대이며, 영어 능력은 물론 해외 시장을 공략하기 위한 노하우가 필요하다'는 게 신문을 비롯한 다양한 미디어의 논조였다. 그러나 우리는 그런 사회 분위기에 완전히 역행해 일본어 방언이 공용어로 쓰이는 국내 지역 사회, 아마로 들어갔다.

글로벌화의 물결 속에서는 이런저런 가치관이 변화한다. 그러나 변화의 물결에 대응하고자 초조하게 생각하다 보면 '영어를 할수 있어야 한다' 'MBA 졸업증을 따야 한다' '해외 시장을 공략해야 한다' '이럴 때일수록 일본의 것을 고수해야 한다' '앞으로는 중국과 인도의 시대다' 등, 절반쯤은 임기응변의 사고 방식이나 행동을 취하게 되고 더 나아가서는 생활 방식마저 바꿀 수밖에 없다. 결과적으로 인생 자체가 풍요로움과 동떨어지고 만다.

내가 태어난 땅, 살고 있는 지역에는 면면이 이어져 온 정신 문화가 있다. 그것은 사회에서 살아가기 위해 필요한 선조들이 남겨준 지혜다. 역사를 통해 살아남은 것에는 그만큼의 가치가 있다. 지금까지 변함없이 이어져 온 것은 무엇인지, 그리고 그것을 앞으로도 이어가기 위해, 혹은 지금을 살아가는 양식으로 삼기 위해 어떻게 활용할 것인지, 자신의 무게중심을 확실히 땅에 붙이고 생각하지 않으면 시대의 물결에 농락당해 지쳐버리고 만다. 이런 무게중심을 스스로 만들어 가기에 내게는 이 섬이 안성맞춤이었다.

어쩐지 '글로벌화'라는 키워드를 들으면 글로벌이라는 무한히 확대되는 원 속에 모든 것이 빨려 들어가는 느낌이다. 영어가 공용어가 되어 인종도 나라도 초월해 모든 내용물이 균질화 되는 이미지가 떠오른다. 그리고 세상은 그것이 바람직하다는 논조다.

하지만 섬이라는 작은 커뮤니티에 속해 있는 우리의 눈에는 작게 완결되어 있는 것들이 모여 집합체가 되어 가는 이미지가 글로벌화가 지향해야 할 모습이 아닐까 생각한다. 글로벌화 되고 균질화 되다 보면 국가의 개성과 불리한 조건을 무시한 자유 가격 경쟁이 되고 만다. TPP^{Trans Pacific Partnership}(환태평양경제동반자협정)가 가장 좋은 예다. 요컨대 관세를 철폐한 자유 가격 경쟁을 하자는 것인데, 과연 그게 진실로 올바른 결과를 낼 수 있을까?

협의의 글로벌화란 가격 이외의 정보에 둔감해지는 사태를 초래할 수밖에 없다. 무언가를 선택한다는 것에는 본래 전제가 필요하다. 내가 좋아하는 것, 중시하는 것이 무엇인지 알지 못하고서는 선택을 할 수 없다. 그러나 글로벌화가 가속되면 가격 정보만으로 간단히 선택해 버리고 만다. 균질화가 초래하는 위험은 바로 이 부분에 있다.

일본 국내 균질화의 여파가 지역 사회에 어떤 영향을 미칠지, 아마라는 작은 사회에서 겪은 우리는 그 결과를 잘 알고 있다. 예를 들어 아마의 농부들이 최선을 다해 기른 섬의 채소보다 섬 밖

먼 곳에서 배로 수송한 채소 값이 더 싸다고 하는 얄궂은 현실을 만든다.

우선은 지역마다 개성을 살린 지속가능한 작은 커뮤니티가 존재해야 한다. 거기서 하나의 완결성을 짓고 글로벌화를 진행해야 한다. 그렇지 않으면 일본의 산업이 위기 상황에 빠질 것은 불을 보듯 뻔하다. 글로벌화의 물결을 넘기 위해서는 내가 진정 해야 할 일이 무언지, 일본의 특성이 무언지, 무게중심을 단단히 잡고 고민해야 한다. 그런 사람이 늘어야만 일본 전체가 좋은 방향으로 바뀔 수 있을 것이다. 이는 물질 문명뿐만 아니라 정신문화도 포함해서다. 그런 까닭에 글로벌한 인재 육성을 하고 싶다면, 아마처럼 문화가 남아 있는 지역 사회 현장에서 배워야 하는 것이다.

그리고 이런 시점에서 보면, 우리가 만드는 물건이나 서비스에 대한 마케팅도 바뀔 수밖에 없다. 수많은 기업은 글로벌화를 통해 1억 명 중 1억 명 모두가 만족하는 서비스를 목표로 해외 시장을 공략하고 있다. 그러나 경제 규모 면에서 봤을 때 아마는 1억 명 중 5천만 명이 원한다고 해도 애초에 공급할 능력조차 없다. 즉 양을 획득하는 사업 모델로는 뒤처질 수밖에 없다.

그렇기 때문에 오히려 우리는 1억 명 중 100명이라도 좋으니 제대로 아마를 이해하고 장기적인 지지자가 되어 줄 고객을 획득해야 한다. 그러지 못하면 무한 경쟁에 집어삼켜져 끝날 수 있다.

그러므로 안티 글로벌리즘까지는 아니겠지만, 우리의 경험상 지역성과 규모에 합당한 사업 모델을 아마를 통해 만들 필요가 있다. 앞으로 지역에 필요한 것이 바로 그 부분이다. 그리고 일본 전체에 있어서도 중요한 시점이라 생각한다. 고객 수로 이길 수 없다면 고객의 질을 무기로 어떻게 헤쳐 나갈지 고민하는 것. 그 속에서 가능성을 찾아야 한다.

글로벌이나 마케팅이라는 말을 하면 어쩐지 거창해 보이지만, 내가 좋아하는 사람이 만든 채소와 쌀은 왠지 더 맛있다는 그런 얘기다. 인간이 지니고 있는 이런 평범한 감각을 소중히 하고 싶다는 마음이다.

이야기를 되돌려 보자. 그렇다면 1억 명 중 열성적인 지지자 100명과 만나기 위해서는 어떻게 해야 할까? 그를 위해 우리는 각각의 사람들과 '친구'라 부를 수 있는 관계를 맺어야 한다. 우리를 제대로 이해해 주는 사람들과의 관계성 속에서 우리는 우리가 잘하고, 또 만들고 싶은 것을 만든다. 그리고 상대방은 우리가 생산한 것들 중 본인이 원하는 것을 구입한다. 가격에 관계없이 그것을 받고 기뻐하는 얼굴까지 확인할 수 있는 친구 같은 관계. 그게 중요하다고 생각한다. 그리고 그런 관계는 일시적으로 끝나는 게 아니라 길게 이어질 재산이다.

아마 왜건이나 아마 카페를 통해 생긴 아마의 팬들은 같은 마음을 갖고 있는 사람들과 모여 아마를 찾아온다. 그렇게 그들은 아마 사람들의 동료가 되고 그 후로도 유대 관계를 지속하며 아마의 쌀이나 후쿠기 차 같은 섬의 특산물을 구입한다.

아마에 대해 알고 있는 사람은 아직까지 그다지 많지 않다. 그러나 정말로 아마가 좋은 사람은 몇 번이고 다시 섬을 찾아와 아마 사람들이 만든 것에 돈을 지불한다. 이런 식으로 섬의 경제가 성립될 수 있다면 불특정 다수에게 아마를 알리기 위해 막대한 돈을 들여 일부러 광고할 필요도 없다.

서로 친구라 부를 수 있는 열성적인 지지자를 만드는 것. 그를 통해 작은 커뮤니티 내에서 사업이나 경제가 돌아가는 시스템을 만들어 확산하다 보면, 지역의 체격에 맞는 사업을 모색하고 지역의 개성도 드러낼 수 있다. 아마라는 일본의 축도에서 봤을 때, 앞으로 세상에서 이상적인 모습은 이런 것이지 않을까?

'모두의 일'로 찾은 새로운 삶의 축 아베

앞서 말했듯, 아마가 50년 후 일본이 겪게 될 문제에 이미 봉착해 있다는 것, 이것이 아마에서 얻을 수 있는 배움의 중요 요소다. 또 하나 중요한 건, 아마가 50년 전 일본의 모습을 간직한 채 50년 후 미래의 일본 상황에서 사회를 운영하고 있다는 점이다. 이 역시 '섬 학교'에서 배울 수 있는 커다란 콘텐츠다.

아마에서는 신께 올리는 제사 때 '오키 도젠 신악隱岐島前神樂'을 연주한다. 오래전부터 이어져 온 전통 음악이다. 또한 마을마다 열리는 큰 축제에서 마을 남자들이 신여를 메는 등, 마을 전체가 지역의 문화를 유지하고 있다. 물론 우리도 신악에서 북을 연주하거나 신여를 메면서 그 행사에 참가하고 있다. 오스소와케(받은 선물이나 물건을 남과 나누는 문화)나 마을의 공동 풀베기도 마찬가지다. 얼굴을 마주하는 테두리 안에서, 섬에서 함께 살아가는 사람으로서 서로 협력하는 정신이 여전히 남아 있는 것이다.

물론 축제 준비는 정말 힘들다. 그 안에 귀찮은 작업도 꽤 많다. 그럼에도 지금껏 남아 있는 이유가 뭘까? 도시 생활과 시골 생활 양쪽 모두를 경험한 내가 보기에는 그러한 축제나 풍습이 계승될 수 있는 시스템이 지역 사회에 있기 때문인 것 같다. 그 시스템이란 지역을 미래와 연결하기 위한 '모두의 일'이 생활 안에 자연스레 포함되어 있다는 것을 말한다.

지역을 미래와 연결하기 위한 모두의 일이란 우리가 보통 돈벌이를 위해 하는 일과는 다르다. 모두의 일이란 돈을 벌기 위한 일이 아니다. 말 그대로 모두를 위한 일이다. 축제부터 마을 대청소까지, 내가 사는 지역을 좋게 만들기 위해 움직이는 것이 모두의 일에 포함된다. 이 섬에 모두의 일을 소중히 하는 정신문화가 제대로 남아 있기 때문에 오스소와케나 축제가 이어질 수 있었고 그것이 사람과 사람의 따뜻한 유대를 만들었다.

아마라는 섬에서의 배움을 통해 내가 실현하고 싶은 새로운 삶의 방식이 무엇인지 깨달았다. 내가 도달한 새로운 삶의 방식이란 다음 세 가지를 충족하는 삶이다.

- 생활: 사람과 자연의 균형. 얼마만큼 스스로의 삶을 파악하고 있는가, 스스로 살아갈 힘이 얼마나 되는가. 자급 경제라고도 부른다.
- 모두의 일: 사람과 사람의 균형. 옛 농경 사회에서 말하는 '지역의 일'을 칭한다. 나와 내 자식 세대뿐만 아니라 언젠가 태어날 자손을 위해 주변 사람들과 깊은 신뢰 관계를 쌓으며 지역 사회에 얼마만큼 공헌할 수 있는가 하는 것. 증여(호혜) 경제라고도 부른다.
- 돈벌이: 노동의 균형. 사회와 나의 관계를 고찰한 후 사회에서 자신이 하고 싶은 일을 서로 맞춰가는 것. 그리고 주변 사람이 기뻐할 만한 성과를 올리며 필요한 금전적 대가를 얻고 있느냐 하는 것. 화폐 경제라고도 부른다.

지역 사회는 이 세 가지 균형을 유지하고자 의식하고 있다. 그렇기 때문에 풍습이나 문화를 미래에 전하며 지역을 양호하게 지킬 수 있는 것이다. 그리고 이 가치관은 2차 세계 대전 이전까지 일본의 농촌 사회에 존재하던 균형 의식이었다. 모두의 일과 돈벌이 양쪽 모두를 충족시켜야 한 사람의 성인이라 인정받던 시대. 그 시대의 사고방식은 그랬다.

요즘 같은 시대, 도시와 시골 생활 양쪽 모두를 경험하면서 나는 이런 생각을 하게 됐다. 지역과 미래를 연결하는 모두의 일이 존재하는 사회에서 살아가는 게 훨씬 더 만족스럽다고 말이다. 예컨대 여름 축제를 위해 다들 모여 신악 연습을 하다 보면 평소 직업상으로는 만날 용무가 없는 사람들과도 매일같이 얼굴을 마주하게 된다. 한 달 정도 연습을 하기 때문에 서로 자연스레 가까워지고 각자의 인품도 알게 된다. 이렇게 마을 일을 매개로 얻은 상호 이해를 기본으로 자신의 일상생활도 풍요로워진다. 그리고 그것은 돈벌이와 연결되기도 한다. 미래를 바라보고 행하는 모두의 일을 통해 섬 안에서 일체감을 맛보며 살아갈 수 있다.

지역의 미래를 위해 하는 모두의 일은 자신이 살고 있는 곳에 대한 귀속감을 드높인다. 그리고 그것은 그곳에 사는 사람을 안심하게 만든다.

도요타 시절의 나를 예로 들어 보자면, 회사에서는 돈벌이에 치우쳐 있었고 쉬는 날에는 생활에 치우쳐 있었다. 지역의 미래를 위한 모두의 일은 거의 하지 않았다. (그림 1 참조) 즉 돈벌이와 생활이라는 두 개의 나로 이분된 상태에서 내가 살고 있는 곳의 미래를 위한 모두의 일은 하지 않고 살았던 거다. 그러다 보니 이분된

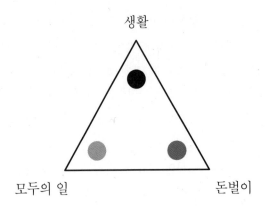

각자 위치의 역할이 분리되어 성립된다.

그림 1) 여러 개의 나로 분리될 수밖에 없는 현대 사회

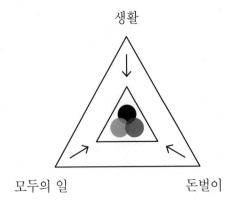

작은 사회이기 때문에 자신의 역할이 분리되지 않는다.
나 자신의 모습으로 살아갈 수 있다.

그림 2) 아마에 살아 보니

스스로에게 모순을 느끼게 됐고 많은 도시 생활자와 마찬가지로 어딘가 허무한 기분이 되고는 했다.

그러나 아마로 이주한 후에는 달라졌다. 생활과 돈벌이, 모두의 일이 그리는 삼각형이 작아졌고 있는 그대로의 거짓 없는 내가 세 가지 모두를 충족시키며 살 수 있게 됐다. (그림 2 참조) 적어도 나는 현재가 훨씬 더 만족스럽다. 내가 살고 있는 곳을 소중히 여기며 행복하게 살아가고 있으니 말이다.

우리는 섬 학교를 통해 현대 사회의 일과 삶의 균형으로서 이 세 가지 균형을 어떻게 제안할 수 있을지 모색하고 있다. 과연 시골의 이런 문화를 나 이외의 도시 생활자들도 긍정으로 받아들일 수 있을까? 이런 의문을 우리는 도시의 비즈니스맨들에게 부딪쳐보기로 했다. 그렇게 기획된 이벤트가 2012년 7월 19일부터 3일 동안 개최된 산토리 노동조합의 오감 학원이었다.

그때 우리는 일과 삶의 균형의 실질적 제안으로 생활, 모두의 일, 돈벌이의 균형을 재정립해 제안했다. 모두의 일이란 지역을 유지하고 운영하기 위한 공동의 책임이다. 도시에서 보자면 사회 공헌이라 할 수 있다. 하지만 도시는 분업과 시스템화가 가중되어 있기 때문에 내가 한 일이 사회에 어떤 도움이 되는지 좀처럼 알 수가 없다. 그런 까닭에 오감 학원 첫날에는 우리의 취지가 참가자들에게 그다지 잘 전달되지 못하는 것 같았다.

이튿날에는 참가자들과 함께 아마를 돌아보며 CAS 시스템을 이해하는 시간을 가졌다. 또한 야마우치 정장과 만나 모두의 일이란 무엇인지, 그리고 모두의 일을 파악하기 쉬운 소규모 지역 사회에 대한 이야기를 나눴다. 이런 과정을 통해 참가자들은 섬사람과 같은 시선으로 모두의 일이 지닌 의미를 감지할 수 있었고, 내가 하는 모두의 일이 내가 사는 지역 사회 안에서 제 역할을 다하고 있을 때의 좋은 기분을 공유할 수 있었다.

우리가 오감 학원에서 전하고 싶었던 내용의 요지는 이랬다. 지역 사회의 일원으로서 지역을 미래와 연결하는 모두의 일을 할 수 있다면 돈을 벌고 생활하는 일이 훨씬 더 쉬워진다. 그러므로 무엇보다 중요한 것은 그 기초가 되는 지역 사회다. 그 결과 참가자들로부터 "생활 방식의 새로운 축을 갖게 됐다" "내가 사는 지역을 좋아하자는 마음을 먹게 됐다"는 반응을 얻을 수 있었다.

우리는 아마에서 생활 방식의 새로운 축을 찾았다. 모두의 일이 새로운 일과 삶의 균형으로 받아들여질 것인지, 앞으로도 계속해서 도전할 생각이다.

우리들의 학교 구상 아베

이어서 섬 학교 만들기의 상세한 코스에 대해 소개해 보자. 그 전에 먼저 밝히고 싶은 게 있다. 우리는 섬 학교의 선생님이 아니다. 먼저 실천하고 있는 선배, 즉 멘토의 입장에 서 있다고 할 수 있다. 완성한 것을 전달하는 입장이라기보다는 함께 달리며 더불어 배우고자 하는 입장이다.

우리의 섬 학교는 다음의 것을 구상하고 있다. (그림 3 참조) 지역 기업가, 기업, 자치단체, 대학, 일반 개인을 주 대상으로 삼고 있으며 단기, 중기, 장기 코스로 구분한다.

단기 코스에서는 우리가 소중히 생각하는 생활, 모두의 일, 돈벌이의 균형을 체험하면서 그것이 미래에 필요한 감각인지 아닌지

대상＼기간	장기 1년~3년	중기 몇 주~몇개월	단기 2일~1주일	특별단기 하루
지역 기업가	○	○	○	○
기업			◎	○
자치단체			○	○
대학		○	◎	○
일반 개인		○	○	○

○ … 메구리노와에서 실시하고 있는 콘텐츠
◎ … 사업화할 계획을 세워 놓은 콘텐츠

그림 3) 섬 학교의 기간과 대상

를 스스로 느껴 보는 기회를 제공하고 있다.

중기 코스에서는 메구리노와의 실제 업무를 함께 하며 지역의 작은 일꾼으로서 생활, 모두의 일, 돈벌이를 실제로 경험하게 해 보고 있다.

장기 코스에서는 수년에 걸쳐 메구리노와의 실제 돈벌이 업무를 담당하게 된다. 지역의 모두의 일에도 참가하면서 섬에서 생활할 수 있는 힘을 체득하도록 하고 있다.

그리고 지금까지의 실적을 정리한 것이 그림 4다. 이 책에서 소개한 아마 왜건, 오감 학원, 아마 음식 투어 등 단기 프로그램에 충실한 것 외에도 섬사람 이야기에 등장한 마쓰시마 군(p.147)처럼 실제로 메구리노와의 사원이 되어 지역에 대해 배우는 장기 코스까지 아우르고 있다. 현재는 메구리노와에서 사원으로 채용하는 형태지만, 앞으로는 교육비를 받는 형태로 장기 코스의 사업화를 생각하고 있다.

투어부터 시작해 고용에 이르기까지, 메구리노와는 아마에서 배울 수 있는 모든 것을 학교 사업으로 제공하고 있다. 그 중에서도 그림 4의 지역 기업가 코스는 '지역의 미래를 창조할 인재 육성'을 목표로 하는, 우리가 가장 힘을 쏟고 있는 코스 중 하나다.

우리는 메구리노와가 배출한 인재를 세 가지 단계로 나눠 '팔로워' '코디네이터' '리더'라 부르고 있다.

상사와 부하 관계를 비유해 말하자면 팔로워란 좋은 부하를 말한다. 우리는 지역 관공서나 회사에 들어가 실제로 근무할 수 있는 인재 육성을 염두에 두고 있다. 지역에 있어 좋은 팔로워가 지녀야 할 조건은 '듣는 힘'이 있어야 한다는 것이다. 한 마디로 듣는

기간 대상	장기 1년~3년	중기 몇 주~몇개월	단기 2일~1주일	특별단기 하루
지역 기업가	고용(다카노, 가노, 마쓰시마)	인턴십 (하기와라, 가도)	시마쿠루 컬리지	시찰
기업			오감 학원, 기타시로 학원, 아마 음식 투어	
자치단체			도쿄재단 주말학교 도쿠시마 현德島県 가미카츠 초上勝町 미에 현三重県 쓰 시津市	
대학		인턴십 (호소야, 히라, 텐신)	게이오 대학SFC 죠치 대학 나고야 시립대학	
일반 개인		섬 지역 인턴	아마 왜건, 아마와 대지를 지키는 사람 투어, 새로운 삶의 방식을 맛보는 투어, 일본 고유의 풍경을 미래에 이어가는 논 투어	

▨▨▨ ··· 사업화 혹은 사업화 전망을 세워놓은 메구리노와의 중점 콘텐츠

그림 4) 섬 학교의 과거 실적

힘이라 표현하기는 했지만, 지역에 따라 문화도 다르고 방언도 다르다. 화를 낸다고 생각했는데 사실 그게 호의였다든가, 호의로 보였지만 사실은 어처구니없어 했다는 부분까지 포함해 들을 수 있는 힘이 필요하다. 그 힘을 기르기 위해서는 지역 사람들과의 일상 대화에 참가하는 적극성, 그리고 그 땅의 문화를 알아가는 것을 즐기는 호기심이 필요하다. 그래야만 비로소 내가 받은 메시지를 제대로 이해하고 주변과 협조하며 행동할 수 있다.

지역 축제를 예로 들자면, 본오도리盆踊り(음력 7월 15일 백중날 밤 주민들이 모여 추는 춤. 백중맞이 춤이라고도 한다: 옮긴이)의 분위기 메이커 역할을 한다거나 축제의 노점에서 긴교스쿠이金魚掬い(얇은 종이를 바른 작은 뜰채로 얕은 수조 안의 금붕어를 떠 올리는 놀이: 옮긴이)를 아이들에게 가르쳐 주는 등, 단순히 손님으로 참가하기보다 자신의 역할을 제대로 하는 것이 팔로워의 이미지라고 할 수 있을 것이다.

코디네이터는 팔로워 단계에서 배양한 듣는 힘을 활용해, 오미近江(사가 현의 옛 지명: 옮긴이) 지방 상인이 말하는 '산포요시三方よし', 즉 판매자, 구매자, 사회 모두가 좋다고 받아들일 수 있는 타협점을 발견하는 것이 중요하다. 조금은 오래된 비유겠지만 말이다.

아무튼 지역에서는 인간관계가 농후하기 때문에 무얼 하든 그 사이에 수많은 이해관계자가 발생한다. 좋은 코디네이터의 조건은 수많은 관계자의 기대치를 조정할 수 있어야 한다는 것이다.

그리고 어떤 사업에 지역 사람을 참여시키려면 재미나 이익 중 반드시 어느 가치를 제공해야만 한다. 코디네이터에게는 지역과의 융합은 물론 기획력이나 교섭력 등 다양한 기술이 필요하다.

한편 지역 사람들은 서로 간에 오해가 생기지 않도록 상대방

213

에 따라 대화 내용에 신경을 쓴다. 표면으로 하는 말과 본심이 다를 때가 있다. 그러므로 그 본심을 제대로 들으며 조정하는 힘이 필요하다. 축제로 비유하자면 코디네이터란 프로그램을 짜서 끌고 가는 인재를 말한다.

마지막으로 리더란 지역에서 창업 가능한 인재를 말한다. 지역의 좋은 리더가 되기 위해서는 아직 도달하지 않은 미래를 내다볼 수 있어야 한다. 그 지역의 미래까지 포함한 현안 문제에 대해 새로운 시스템을 창조해야 한다. 창업을 통해 지역 경제의 활성은 물론, 그 사업을 통해 지역민의 자긍심을 높이는 것도 리더의 역할이다. 지역의 자긍심이 높아지면 그곳 사람들의 의식 수준도 높아진다. 그러면 자연스레 지역민의 활동이 활발해지기 때문에 지역의 다양한 과제를 스스로 극복할 수 있게 된다. 축제로 비유하자면 리더란 지역에 꼭 필요하고 모두가 참가할 수 있는 새로운 축제를 만드는 인재를 말한다.

이처럼 메구리노와는 참가자가 지역과 어떤 관계 방식을 취하느냐에 따라 그것에 최적인 배움을 제공하는 시스템을 만들고 있다. 우리가 창업했다고 해서 모든 사람이 리더가 되어야 한다고 생각하는 건 아니다. 코디네이터, 팔로워가 제대로 갖춰진 팀이어야만 시스템이 제대로 돌아갈 수 있는데다가, 사람에 따라 적합한 단계가 다 다르기 때문이다. 이런 것을 종합하는 것이 우리 멘토가 해야 할 역할이다.

마쓰시마 군은 리더 코스 졸업생으로 동일본 대지진 후 동북지방으로 되돌아가 일반 사단법인 '후랏토 호쿠'를 창업했다. 현재 그는 지역 주민과 함께 해일 피해를 막기 위한 방조림 사업을 하고

214

있다.

메구리노와에서 근무했던 가노 마사미^{叶雅美} 양은 코디네이터 코스 졸업생이다. 퇴직 후 오키나와 현 이혜야지마^{伊平屋島}로 건너간 그는 현재 이혜야지마의 관광 코디네이터로서 섬 내외의 배움을 중심으로 한 교류 작업에 힘쓰고 있다.

또한 우리와 함께 메구리노와를 설립한 창업 멤버 다카노도 메구리노와를 졸업해 독립했다. 지역에서의 삶의 지혜, 기술을 기록하고 전승하기 위한 인터뷰 활동을 위해서다. 산인^{山陰} 지역에서의 활동을 거쳐 현재는 구마모토 현 야마베초^{山部町}에 살고 있다. 아마에서 쌓은 경험을 살려 프리랜서 인터뷰어로 활동하면서 기획, 집필, 편집과 함께 지역 만들기를 지원하고 있다. 지금도 아마를 자주 오가는 그는 아마 주민들을 클로즈업한 사계절 영상 '아마 사람들' 시리즈 제작에도 힘을 쏟고 있다. 위 세 사람은 2012년 3월 동시에 메구리노와를 졸업했다. 이들은 아마에서 배운 것을 자신의 영역에서 살려 그 꿈을 이루어 가고 있다.

메구리노와는 학교지만 아직 번듯한 학교 건물 하나 없다. 지금까지는 '섬 전체를 배움터'로 삼고 활동했지만 앞으로는 실제 하드웨어로서 학교를 건축하는 게 우리 목표다.

같은 방향을 바라보는 사회 _{노부오카}

굳이 분류해 본다면, 앞서 살펴본 생활, 모두의 일, 돈벌이란 개념은 개인 삶의 방식에 대한 축이라 할 수 있다. 그러나 나는 개인으로 한정 짓기보다, 오히려 그것은 기업 활동 면에서 채택해야 할 감각이라고 생각한다. 이 섬에서의 사고 방식을 어디까지 응용할 수 있을까, 말하자면 미래에 대한 나의 실험이기도 하다.

　마케팅은 기업 활동의 큰 요소 중 하나다. 회사원에게 친숙한 이 마케팅이라는 단어는 산업 역사의 변천 속에서 태어났다.

　근대의 서막을 연 18세기 후반부터 19세기 초반, 영국을 중심으로 일어난 산업혁명은 공장식 기계공업의 도입으로 산업을 개혁해 사회 구조를 변혁했다. 산업혁명 이후의 시대는 좋은 물건을 만들면 모두 팔리는 시대였다. 때문에 그 시대에는 상품 개발, 생산, 판매 이 모든 것이 물건을 공급하는 기업의 주도하에 이루어졌다. 이런 경제 체제를 '프로덕트 아웃Product out'이라 부른다.

　이후 세계 경제가 대량 생산이 가능한 형식으로 정비되고 생산기술이 전 세계로 확산되자 공급이 급증해 수요를 초과해 버렸다. 시장이 성숙기에 접어든 1970년 이후부터는 다양한 업계에서 이러한 공급 과잉을 목격하게 되었다. 그 과정에서 소비자의 요구를 중시하고 그에 맞는 상품을 공급하고자 하는 '마켓 인Market in' 개념이 생겼고, 이윽고 우리에게 친숙한 마케팅이 중시되는 시대로 사회가 옮겨간 것이다.

　마케팅으로 움직이는 세계는 '공급＝생산자' '수요＝소비자'라고 하는 두 명의 등장인물로 구성되어 있다. 경제가 잘 돌아가고 있을 때는 이 두 역할로도 충분했다. 그러나 지금은 경제를 움직이는 사회가 그 둘만으로 제대로 돌아가지 못하는 시대다. 이럴 때일수록 '사회를 짊어지고 가는 사람'의 역할이 필요하지 않을까. 그리고 이런 생각을 생활, 모두의 일, 돈벌이의 균형이라는 측면과 대조해 봤을 때, '생활＝소비자로서의 측면' '모두의 일＝사회를 짊어가는 측면' '돈벌이＝생산자로서의 측면'이 됨을 알 수 있었다. 앞서 아베가 언급했던 것, 즉 미래를 짊어가야 할 사람이 해야 할 '모두의 일'을 사회 경제 활동에 적용시켜 생각해본 것이다.

그래서 우리는 이 사회를 짊어지는 사람으로서의 역할을 메구리노와에 도입했다. 고객에게 그 개념을 알리고 고객과 함께 서비스를 진화시키고자 했다. 나는 기업의 이러한 이상향을 '소셜 위드 Social with'라 이름 붙였다.

현대 사회는 경제 활동을 중심으로 돌아가는 사회다. 생산자는 수많은 상품을 안정된 품질로, 재빨리, 값싸게 생산하려 하고, 소비자는 자기 취향에 맞는 상품을 보다 빨리, 보다 많이, 보다 저렴하게 손에 넣고자 한다. 그러나 이런 자세를 취하기만 해서는 안된다. 설령 경제가 잘 돌아가는 것처럼 보여도 그것을 지탱하는 사회는 제대로 굴러가지 못하기 때문이다.

현대 사회에서 필요한 것은 사회를 짊어지는 사람의 역할이다. 기업이 그 역할을 기업 활동에 제대로 도입한다면 서비스, 혹은 소비자와의 의사 소통 방식을 바꿀 수 있다. 어쩌면 지금 우리는 새로운 기업 형태를 모색하는 단계에 와 있는지도 모른다.

도달하고 싶은 미래를 기업이 창조하고, 상품이나 서비스는 물론, 함께 지향하는 미래로 가는 '참가 티켓'을 소비자를 포함한 모든 이해관계자에게 제공하는 것. 즉 소셜 위드란 기업이 거래처, 고객과 함께 모두가 도달하고자 하는 미래를 창조하며 생산 활동을 하는 것이다.

소셜 위드의 세계관으로 활동하고 있는 조직으로 미국의 비영리단체 티치 포 아메리카Teach for America를 들 수 있다. 이 단체는 교원 자격의 유무에 상관없이 미국 일류대학 학부졸업생을 미국 내 교육 곤란 지역 학교에 2년 간 상근 강사로 배치하는 프로그램을 시행하고 있다. 놀라운 점은 티치 포 아메리카가 유명 대기업을 제치고 대학생들이 선호하는 직장 1순위를 달리고 있다는 점이다. 티치포 아메리카는 구글, 제너럴 일렉트릭General Electric 같은 대기업과 제휴하고 있으며, 대기업들은 자사의 채용 내정자를 티치 포 아메리카 프로그램에 적극 참가시키고 있다.

규모의 차이는 있지만 빅 이슈The Big Issue나 마더 하우스Motherhouse도 소셜 위드의 예로 들 수 있는 조직이다. 노숙자의 사회 복귀를 목표로 잡지를 발행하는 회사 빅 이슈는 노숙자가 직접 잡지를 판매하고 그 판매 수입을 통해 스스로 자립할 수 있는 시스템을 만들었다. 마더 하우스는 '아시아의 최빈국 방글라데시를 건전하고 지속가능한 국가로 만들기 위한 지원은 무엇인가'라는 고민에서 태어났다. 주트라는 마 소재를 이용해 가방을 생산, 선진국에 판매하면서 방글라데시의 빈곤 문제를 해결하고자 하는 회사다.

왜 이러한 기업 활동이 필요한 것일까? 그 이유를 이해하기 위해서는 생태학이라는 관점에서 경제 활동을 바라봐야 한다.

대량 생산 기술의 발전으로 인해 산업혁명 이후 맞이한 프로덕트 아웃의 세계관에서는 생산자의 힘이 강대했다. 그 후 이어진 마케팅의 세계관에서는 소비자가 힘을 부여받아 경제를 움직이게 됐다. 그 결과 생산자와 소비자 양측의 힘이 지나치게 강해졌고, 지구의 용량을 벗어날 정도로 많은 물건이 지구상에 유통되고 말았다. 이에 따라 자원 고갈과 환경 파괴 등 다양한 환경 문제가 발생하기에 이르렀다. 산업혁명으로부터 겨우 200년도 지나지 않았지만, 지구의 한계가 눈에 비칠 정도로 악화됐다. 인류가 지구 자원을 마구잡이로 써버린 것이다. 이렇듯 누구 하나 그 힘에 제동을 거는 역할을 하지 않았고, 최근 십수 년 동안 수요와 공급이 폭주하는 사태가 발생했다.

그리고 현재 우리는 지구의 한계와 환경의 적정에 대해 어느 정도 정확한 예측을 할 수 있게 되었다. 이런 정보가 확산되면서 생태학이나 지속가능성 같은 사상이 생겨났고, 현재 많은 사람들 사이의 공감을 불러일으키고 있다.

아마에서는 모두의 일이 지역 사회를 지탱하고 있다. 이런 아마를 하나의 축도라 봤을 때, 지구 규모의 사회에서도 사회의 유지 관리라는 측면의 시선을 가진 기업이 생겨나야만 한다. 그렇지 않으면 미래의 지구가 지금 상태를 유지할 수 없다. 또 하나 중요한 점은 국가 주도가 아닌, 지구에 살아가는 지구인의 시점, 즉 좁은 의미의 민간이 능동적으로 그것을 지향할 필요가 있다는 것이다.

앞으로의 시대가 필요로 하는 기업 활동이란 어떤 것일까? 한정된 지구의 자원을 미래에도 이어가기 위해, 기업은 수요와 공급의 균형을 건전히 유지하는 실천가가 되어야 한다.

소셜 위드의 '위드with'라는 관계성은 기업과 소비자가 상호이해를 통해 같은 방향을 바라보며, 개개인의 벽을 넘어 내가 바로 당사자라는 시점으로 사물을 바라보자는 것이다. 종래의 관계성이 서로 스쳐 지나는 관계라면 이 새로운 관계성은 목적지를 향해 나란히 뛰어가는 관계다.

즉 소셜 위드란 사회와 나, 지구에게 무엇이 필요한지, 혹은 무엇이 필요하지 않은지 함께 고민해 보자는 것이며, 앞으로의 미래에 필요한 것이 있다면 개인과 사회가 함께 고민하고 행동해야 한다는 세계관이다.

소셜 위드의 세계관을 지역 사회로 가져와 보면 메구리노와의 사명은 자명하다. 지역과 함께하는 회사로서 아마 사람들과 같은 시선으로 미래를 고민하고 그들과 함께 지역을 만들어야 한다는 것이다. 또한 우리는 아마 사람들이 섬 밖 사람들과 같은 시선으로 모두에게 좋은 미래를 다 같이 모색할 수 있는 관계 만들기도 실천하고 있다.

우리는 메구리노와가 지역과 도시 사이를 잇고, 같은 방향을 바라보는 자세를 만드는 회사이길 바란다. 그리고 일본의 외딴섬에서 만들어 낸 이 작은 일들이 좋은 사회를 만들어 가는 힌트가 되면 좋겠다는 바람이다. 보다 큰 규모의, 세계라는 사회에서 말이다.

물론 아직까지는 탁상공론에 불과하다. 어떤 형태를 지닌 것으로 실현되기까지 어쩌면 많은 시간이 걸릴지도 모른다. 또한 실현됐다고 해도 지금 우리가 말하는 것과는 다른 형태일지도 모른다. 하지만 이런 것들을 고민하며, 섬이라는 시골에 살며, 학교를 만들고 회사를 운영할 수 있다는 것이 이 섬이 지닌 새로움이다. 그리고 그것이 바로 우리가 이 섬에서 본 미래다.

3

1. 아키야<ruby>蛤屋<rt></rt></ruby> 해안에서 바라보는 석양. 낮에는 에메랄드그린 빛 아름다운 바다가 펼쳐진다. 섬에서는 이쪽 바다에서 뜬 태양이 저쪽 바다로 진다.   2. 퇴근 후 집으로 돌아가던 중 문득 바라본 밤바다. 바다 위에 어린 달빛이 아름다워 나도 모르게 차를 세우고 한참이나 바라봤다.   3. 아마의 전원 풍경. 외딴섬이지만 담수가 풍부하기 때문에 예로부터 벼농사를 많이 지었다.

1

2

3

1. 아마의 바위굴 하루카. 3~5월이 제철이다. 종묘 생산, 육성, 가공, 출하에 이르는 모든 작업 공정이 철저한 관리로 이루어진다.　2. 아마초 천혜의 자연이 키워 낸 오키 소. 와규(일본 소) 안에서도 최상급 품질을 자랑하는 5등급, 4등급 고기만을 오키 소라는 이름으로 제공한다.　3. 오징어는 아마 대표 해산물이다. 도시 마트에서는 똑같아 보이는 오징어지만 11월 제철을 맞아 제일 먼저 잡히는 오징어를 시마메シマメ라 부른다. 그 다음에 잡히는 오징어는 시로이카ﾛｲｶ, 그 다음에는 아오리ｱｵﾘ. 아마 어부들은 다들 오징어를 이런 고유명사로 부르고 있다. 사진은 CAS로 냉동하기 전의 시로이카로, 아직 살아 있는 것들도 있다.

1

2

3

1. 히시우라 항구에 도착하자마자 보이는 어부들의 배. 섬 여기저기에 이런 항구가 있고 어부들은 누구네 집 배가 지금 바다에 나가 있는지, 돌아오지 않는 배는 없는지 잘 알고 있다. 서로의 안전을 보호하는 지혜다.   2. 반건조 오징어를 만들 때는 빙글빙글 돌리며 건조한다. 까마귀가 뜯어먹지 못하게 하려고 섬사람들이 발휘한 기지다. 섬에서는 '빙글빙글' 혹은 '오징어 회전목마'라 부른다.   3. 새로 건조된 배의 시승식 모습. 풍어를 기원하는 깃발을 매달고 모찌마키餠まき(새로 지은 집이나 배의 안전을 기원하며 모인 사람들에게 떡을 던져주는 행사: 옮긴이)도 하며 새로운 배의 출발을 축하하고 안전을 기원한다.

1

1. 오키 도젠 신악 중 팔중담八重垣의 한 장면. 오키 도젠 신악이란 오키 군도 서쪽에 위치한 도젠 군도 세 섬에서 전승되는 전통 무악이다. 팔중담이란 스사노오노미코토須佐之男命 신이 이나다稻田 공주를 괴물로부터 구하기 위해 싸우는 이야기다.   2. 여름의 가장 큰 이벤트 긴냐모냐 축제. 약 1000명의 아마 주민이 양손에 주걱을 들고 아마 민요 긴냐모냐에 맞춰 춤추고 있다. 누구든 참가할 수 있기 때문에 개최일인 매년 8월 넷째 주 토요일에는 많은 인파가 섬에 모인다.   3. 단지리 축제. 미호 신사三穗神社의 제례이자 풍어를 기원하는 행사로 4년에 한 번씩 벌어지는 섬 남서쪽 지역의 축제다. 아이 넷을 태운 신여를 멘 어른들이 춤추며 행진한다.

2

3

1

2

3

1. 아마에서는 잡히는 생선으로 계절을 느낀다. 그리고 그날 잡은 생선이 저녁 메뉴가 된다. 아마 웹 사이트의 특정 상품을 구입하면 '계절의 나눔'이라는 이름으로 아베가 낚아 올린 생선이 덤으로 따라 가기도 한다. 2. 현재의 메구리노와 사옥. 놀랍게도 아마초 관공서 바로 앞 일등 요지에 위치하고 있다. 3. 2012년 현재 메구리노와 멤버들. 가장 오른쪽 사람이 가와시마 미노루川島稔다. 웹 제작과 동영상, 광고 인쇄물 등, 모든 제작물을 담당하고 있다. 그 옆으로 아베 히로시, 노부오카 료스케. 그 옆에 있는 요시무라 후미코吉村史子는 상품 판매와 총무, 경리를 맡고 있다. 도쿄에서 사회생활을 하며 사회인 비즈니스 스쿨을 다니던 그는 2011년 9월 인턴으로 아마를 방문했고 이듬해 6월부터 메구리노와 사원이 됐다. 제일 왼쪽의 하기와라 아사미萩谷亜沙美는 상품 기획 개발, 총무, 경리를 담당하고 있다. 교토의 지역 만들기 비영리단체에서 스태프를 하던 그는 2010년 7월 인턴 자격으로 메구리노와에 들어와, 이듬해 3월부터 메구리노와의 직원이 됐다.

1

1. 2012년, 연 4회에 걸쳐 '일본 고유의 풍경을 미래로 이어가기 위한 논 투어'를 실시했다. 사진은 아베가 섬 어르신께 하데호시ㅅデホㅅ를 배우는 모습. 하데호시란 수확한 나락을 햇볕에 말리는 섬의 전통 건조 방식이다. 2. 수확량, 논의 면적에 따라 달라지긴 하지만, 하데호시를 위해서는 10~20m에 달하는 거대한 목조 건조물을 세워야 한다. 건조물을 조립하는 데에도 꼬박 하루 동안 공동작업을 해야 한다. 3. 논 투어에는 누구든 참가할 수 있다. 모심기, 풀베기 등 시기에 맞는 농작업을 섬 농부들과 함께 하며 아마의 자연과 풍토를 배우는 투어다. 쌀농사의 흐름과 즐거움을 배우는 동시에 섬에 남아 있는 일본 고유의 풍경을 함께 지켜가자는 것이 이 투어의 목적이다.

2

3

2

1. 2011년 11월, '새로운 삶의 방식을 맛보는 여행'이라는 프로그램을 개최했다. 나카히가시 히데오 씨, 후지타 가즈요시 씨와 함께 한 프로그램이었다. 사진은 나카히가시 씨에게 맛있는 고기를 얻기 위한 닭 손질법을 배우는 모습이다. 내 눈 앞, 내 손 안에서 목숨을 거두는 닭의 감촉을 느끼며 생명을 헛되게 다뤄서는 안 된다는 것을 배웠다. 2. 목을 치지 않고 살짝 꺾어 숨통을 끊는 게 나카히가시 씨의 방식이다. 이렇게 하면 체내에 혈액이 돌아 맛이 더 좋아진다. 털을 뽑을 때도 뜨거운 물에 담그지 않고 그대로 뽑는다. 뜨거운 물을 담그면 지방이 빠져나가기 때문에 맛이 덜해진다고 한다.

1~3. 아마 오감 학원의 모습. 강사가 된 섬사람들과 함께 농업, 어업, 향토 요리를 실습하는 것은 물론, 아마의 지역 만들기를 체험하는 야외 활동, 정장의 강연, 주민과의 대화 등 풍성한 프로그램으로 구성되어 있다. 오감 학원은 풍요로운 자연 속에서 오감을 모두 열고, 뜻을 품고 활동 중인 지역민들과의 대화를 통해 무언가를 알아차리고 느끼는 능력을 고양시켜서 배우고 흡수하는 힘을 키우고자 하는 곳이다. 회사의 풍토 개혁이나 일의 진행 방식, 삶의 방식에 대한 재검토 등, 참가자는 오감 학원에서 얻은 여러 깨달음을 다양한 방식으로 활용하고 있다.

2

3

이 섬을 사랑한다는 것

작은 회사의 미완성 이야기를 들어줘서 감사하다. 사실 우리도 어떻게 우리 회사를 지속할 수 있었는지 모르겠다. 이렇게 우리가 만든 책을 읽어도 어떻게 돈을 벌고 먹고 살아가고 있는지, 지금도 도무지 신기하기 그지없다.

어쩌면 이 책으로 묶인 내용은 우리 회사의 좋은 면뿐일지도 모르겠다. 사실 외딴섬에서 창업한다는 건 매우 어렵다. 세련된 과정이 아니라는 건 말할 필요도 없다. 사업 기회는 적고 규모도 작다. 게다가 인간관계도 복잡하다.

창업 당시와 비교해 보면 책을 쓰고 있는 지금은 꽤나 갈등이 줄었다고 할 수 있다. 책을 쓰기 위해 아베와 둘이서 떠올리기도 싫은 창업 때를 되돌아 볼 수밖에 없었다. 창업기의 혼돈 상태를 다시 한 번 뛰어넘을 수 있겠느냐고 물어본다면 그건 좀 무리일지도 모르겠다. 그럼에도 해 나갈 수 있었던 건, 우리들의 노력 때문이라기보다 아마 사람들이 지니고 있는 넓은 포용력 때문이었다.

메구리노와가 이런 회사인지라 언제 망할지는 모르겠지만, 돈을 버는 것보다 중요한 것, 그에 대한 비법으로 가득한 회사라고 내 입으로 칭찬할 수 있다. 이것만은 자신 있다. 달리 말하면 '내가 살고 있는 곳을 좋아하려면 어떻게 해야 할까'에 대한 비법으로 가득한 회사가 되었다.

내가 섬에 들어온 지 딱 1년째 되던 겨울, 우리가 밋짱이라 부르는 하타 미치코 씨가 오감 학원 참가자들에게 향토 요리를 대접하고 있을 때의 일이다. 밋짱의 식탁 위에는 우리가 지급하는 사례

금으로는 수지가 맞지 않을 갖가지 요리가 차려져 있었다. 봄부터 정성스레 갈무리해 둔, 말 그대로 비장의 식재료를 사용했고 조리 전 손질에도 공을 들였음을 알 수 있었다. 정성껏 만든 갖가지 음식을 차려 놓고 참가자들에게 요리 설명을 해주던 중 그가 흘린 말 한마디가 정말 인상적이었다.

"나는 우리 섬이 정말 좋아요. 그래서 오신 분들께 우리 섬의 음식을 차려드리는 게 정말 행복하답니다."

여전히 내 가슴 속에는 그 말을 하던 밋짱의 얼굴이 남아 있다. 내 인생을 바꾼 말이었다. 마음에서 터져 나온 말이라는 표현이 딱 맞는 그 말은 거기 차려진 요리와 함께 내 가슴 깊이 스며들었다. 정말로 행복하다고 생각하기 때문에 가능한 손님 대접이구나, 이 사람은 정말로 이 섬을 좋아하는구나, 그의 마음이 곧바로 전해졌다.

그때 처음으로 나는 지역 활성이라는 말의 위화감을 뼈저리게 느꼈다. 학자의 어려운 말이 아닌, 밋짱의 아무렇지도 않은 단순한 말에야말로 그 진가가 있다고 생각했다. 내가 좋아하는 섬을 누군가 알아주는 게 기쁘다고 하는 솔직한 마음. 그런 마음이기에 진심으로 누군가에게 전달되는 것이다.

나는 그때 '자신의 말로 이야기할 줄 아는 사람'이 얼마나 대단한지 조금은 알게 됐다. 그리고 그 이후 자신의 말로 이야기할 줄 아는 사람이 얼마나 적은지도 알게 됐다. 그만큼 말의 깊이가 얼마나 다른지도 알게 됐다.

그때의 충격으로 섬 생활 2년 차의 목표를 정했다. '이 섬을 사랑한다'는 목표였다. 섬을 좋아하지 않는 사람이 진심으로 섬에 대해 고민하고 섬을 보다 좋은 곳으로 만든다는 건 불가능하다. 진심으로 좋아하지 않는다면 다른 사람에게도 섬의 가치를 전할 수 없기 때문이다. 그리고 이 책에 아로새겨진 대부분의 에피소드는 메구리노와라는 회사가 어떻게 이 섬을 좋아하게 되었는가에 대한 역사라고 생각한다.

먼저 좋아할 것, 내 주변의 당연한 것이 수많은 사람의 노력과 마음을 통해 보존되고 지속되었다는 것을 이해할 것, 섬에서의 모든 만남마다 "아, 내가 이래서 아마를 끊을 수 없다니까"라며 매번 반하고 그렇게 계속해 나갈 것. 이것이야말로 메구리노와라는 회사가 지금까지 어떻게든 이 섬에서 살아남을 수 있었던 가장 큰 이유라고 생각한다.

앞으로 시대가 더 혼란해지면 우리네 인생은 아마도 힘든 일의 연속일 거라 생각한다. 임시방편으로 넘어설 수 있는 파도보다는 도무지 해결할 수 없는 일들이 더 많으리라. 남 얘기가 아니라 나도 마찬가지다. 나 역시 그 혼란한 세상을 어떻게 살아가야 할지 고민하지 않으면 안 되는 한 사람이니까. 그러나 나는 아마에서 그에 대한 수많은 힌트를 얻었다.

처음 섬에 왔을 때는 그저 손님 기분으로 즐겁기만 했다. 하지만 살아 보니 달랐다. 조금씩 생활에 익숙해질수록 인간관계는 복잡하게 얽혔고 꿈을 꾸는 것만으로는 넘어설 수 없는 벽에도 부딪쳤다. 나의 미력함을 탓하게 되는 곤란한 일도 많이 직면했다.

하지만 그것을 통과한 앞에는 '그럼에도 역시 인간은 충분히 따뜻하다'는 사실이 기다리고 있었다. 즉 한 바퀴 모두 돈 후엔 언제나 밝음에 도달한다는 멋진 사실을 알게 된 거다.

아마로 들어온 가장 큰 이유는 실천가의 모습을 동경했기 때문이었지만, 막상 실천가로 행동해 보니 좋은 일이란 쥐꼬리만큼 적었고 온통 힘든 일뿐이었다. 그 대신 실천해 보지 않았다면 결코 맛보지 못했을 포상이 있다는 것도 알게 됐다. 같이 행동하는 사람에게 느끼는 따뜻함, 그리고 그런 사람과 퇴근 후 마시는 술 한 잔이 정말 맛있다는 사실 말이다.

인생을 되돌아보는 나이가 되었을 때, 아마 절대 부자는 못되겠지만 회사나 세대, 이해관계의 틀, 이 모두를 넘어선 소중한 동료가 내 주변에 가득할 것은 보장할 수 있을 것 같다.

이 책이 지금까지 만났던 동료에 대한 감사의 마음으로 전달되길, 그리고 앞으로 만나게 될 미래의 내 친구들 사이에 가교가 되어주길 바란다.

메구리노와 이사 노부오카 료스케

세계를 향한 항해

이렇게 우리는 앞뒤 분간도 없이 그저 앞만 보고 무작정 달려왔다. 그 이야기를 이렇게 한 권의 책으로 묶어놓고 보니 감동스럽기 그지없다.

예전부터 알고 지내던 작가 모리 오우지森オウジ 군에게 노부오카가 도움을 청했고, 1년 걸려 만들어 뒀던 대략의 원고를 취재 차 도움을 받았던 사시데 가즈마사指出一正 편집장에게 들고 갔다. "해봅시다! 오우지 군이 편집을 꼭 맡아줘요." 편집장의 말과 함께 이 책은 시작됐다.

사시데 편집장이 디자이너로 추천해 준 '스프 디자인'의 오하라 후미카즈尾原史和 씨는 예전에 오우지 군과 함께 일한 사람이기도 했다. 이렇게 이런저런 인연으로 이어진 출판 팀이 결정됐을 때 분명 좋은 책이 만들어지리라는 확신이 있었다. 사람과 사람이 기분 좋게 연결됐을 때 반드시 그 속에서 좋은 것이 만들어진다는 사실을 아마에서의 창업을 통해 겪어봤기 때문이다.

"인생은 추억 만들기야." 어느 아마 사람이 가르쳐 준 말이다. 그 후 좋아하는 말이 됐고 힘들 때마다 그 말에 구원받고는 했다. 생각해 보면 이 책이 만들어지기까지의 과정도 수많은 추억 만들기 과정이었다. 2012년 6월 19일 출판팀 모두가 처음 한자리에 모인 날, 사시데 편집장, 오우지 군, 노부오카, 나 이렇게 넷이서 강풍으로 홀딱 젖은 채 태풍으로 문 닫는 가게를 전전하며 술잔을 기울였던 일. 창업 당시를 되돌아보다 괴로운 과거가 떠올라 노부오카와 험악한 분위기가 되었을 때 우리 사이에서 곤란해 하던 오우지 군의 모습. 인터뷰를 위해 오우지 군이 아마로 들어왔을 때, 5일간 일에 쫓기다가 마지막 날 딱 30분 동안 투명한 바다 속을 함께 헤엄쳤던 일.

좋은 팀이란 서로의 영역을 넘나들며 해야 하는 일에 치열하게 부딪치고 함께 성장하는 것이라 생각한다. 이번 책을 만들며, 특히 오우지 군과는 매일 전화 통화는 기본이었고 스카이프 같은 것도 써 가며 서로 할 수 있는 최대한의 노력을 들여 일을 진행했다. 먼저 오우지 군에게 고맙다는 말을 전하고 싶다. 평소에도 많은 도움을 준 아마 사람들, 교토의 나카히가시 씨와는 출판을 위한 인터뷰도 진행했다.

창업 후 5년. 지금까지 우리를 지켜봐 준 모든 사람들의 따뜻한 격려의 말을 가슴에 품을 수 있던 시간이었다. 책을 내고 보니 더 열심히 살아보자는 진취적인 마음이 든다. 모든 분들께 감사드린다.

그리고 과거를 이리저리 되짚어 보니 새삼 깨닫는 일이 많다. 부모님, 지금까지의 친구들, 그리고 회사의 모두에게 어떻게 감사의 말을 해야 할지 모를 정도로 도움을 받고 살았음을 느낀다. 지금까지 내 인생에 함께 해줘서 정말 감사하다. 그리고 앞으로도 잘 부탁드린다는 말을 전하고 싶다.

"천하의 도요타를 그만두고 아마로 간 선택은 옳았다고 생각하십니까?" 이런 질문을 받을 때가 있다. 나는 주저 없이 "옳았다"고 단언할 수 있다. 나는 인간답게 살고 싶다는 생각에 아마로 들어갔다. 이런저런 일도 많았지만 나는 내 결정에 충분히 수긍하고 있다. 앞으로 닥쳐올 고난에도, 죽기 전에도 분명 후회는 하지 않

244

244

(begin)

244

(begin)

을 것 같다. 좋은 추억이 생겼으니 말이다.

'이대로의 삶의 방식에 미래가 있을까?' 아마에 살며 대학 시절부터 고민하던 이 의문과 마주하는 동안, 내가 보고자 하던 미래에 가까워지고 있다는 기분이 든다. 이것은 내가 일생을 걸고 해나갈 하나의 실험이다.

지금 머릿속에 떠오르는 그림 하나가 있다. 길을 내며, 아직 도착하지 않은 미래를 바라보며 전진하는 한 척의 배. 항해 중 들르는 섬에는 이 배가 발견할 밝은 미래를 갈망하는 사람들이 있다. 내게 있어 선원은 인생의 여행 동료다. 때로는 밝은 태양 아래 술잔을 기울일 테고 때로는 힘을 합쳐 미친 듯 날뛰는 파도를 헤쳐나갈 것이다. 이 배의 선원에게는 단 하나의 조건이 있다. 자기 인생에 적극적일 것. 도시든 시골이든 어디 살든 상관없다. 힘들어지면 배에서 내려도 괜찮다. 다시 타고 싶으면 언제든 다시 탈 수 있으니 말이다. 분명 나도 배에서 내릴 때가 있을 테니까.

대항해시대와는 달리, 지금 우리는 다양한 기술 발전에 의해 장소는 달라도 같은 배에 탈 수 있는 시대를 살고 있다. 우리가 여기까지 올 수 있었던 건 아마뿐만 아니라 일본, 세계 안의 선원들과의 만남을 통해서였다.

이 책의 출판을 계기로 어떤 새로운 사람들과 여행 동료로 만나게 될까? 벌써부터 가슴이 두근거린다.

메구리노와 대표이사 아베 히로시

우리는 여객선을 타고 섬을 떠나는 사람과 리본의 끝을 맞잡는다.
그리고 마지막의 마지막까지 배웅을 한다.
"고마워요" "다녀오세요" 그리고 "꼭 다시 만나요."
여객선이 보이지 않을 때까지 우리는 손을 흔들며
언제까지나 그쪽을 바라본다.
이 섬을 통해 이어진 사람의 수만큼 우리의 미래는 존재하는 것이다.
우리는 모두와 함께 섬에서 미래를 만들 것이다.
앞으로도 계속 미래를 바라볼 것이다. ⬤

편집자주

일본에서 이 책이 출간된 지 3년이 흘렀다. 많은 청년들이 메구리노와에서 배우고 졸업하는 과정을 거쳤고, 메구리노와의 섬 학교는 조금 더 구체적이고 실질적인 사업으로 발전하였다. 지역 코디네이터를 양성하기 위한 교육 과정을 개설하여 단기 합숙 프로그램과 6개월 교육 과정을 정기 운영하는 등 외딴섬 아마에서 일본의 새로운 미래를 실험하는 청년들의 도전은 지금도 계속되고 있다.

도서출판 남해의봄날 로컬북스 07

이웃한 도시라도 자세히 들여다 보면 서로 다른 자연과 문화, 아름다움을 품고 있습니다.
독특한 개성을 간직한 크고 작은 도시의 매력, 그리고 지역에 애정을 갖고 뿌리내려 살아가는
사람들의 이야기를 남해의봄날이 하나씩 찾아내어 함께 나누겠습니다.

우리는 섬에서 미래를 보았다

초판 1쇄 발행	2015년 6월 10일
3쇄 발행	2018년 5월 25일

지은이	주식회사 메구리노와 아베 히로시, 노부오카 료스케
옮긴이	정영희
코디네이션	박정식

편집인	천혜란 책임편집, 장혜원, 박소희
디자인	그라필로그

종이와 인쇄	미래상상

펴낸이	정은영
펴낸곳	남해의봄날
	경상남도 통영시 봉수1길 12 1층
	전화 055-646-0512
	팩스 055-646-0513
	이메일 books@namhaebomnal.com
	페이스북 /namhaebomnal
	인스타그램 @namhaebomnal
	블로그 blog.naver.com/namhaebomnal

ISBN 979-11-85823-03-4 03330
© 2015 남해의봄날 Printed in Korea